박시백의 조선왕조실록

12

인조실록

일러두기

2024 어진 에디션은 정사 《조선왕조실록》을 바탕으로 한 이 책의 특징을 드러내고자
어진과 공신화에서 모티브를 얻어 박시백 화백이 새롭게 표지화를 그렸다. (표지화 인물: 인조)

박시백의
조선왕조실록

The Veritable Records of
the Joseon Dynasty
12
The Veritable Records of
King Injo

인조실록

Humanist

머리말

　외환위기가 한창이던 때였다. 어쩌다가 사극을 재미있게 보게 되었는데 역사와 관련한 지식이 너무도 부족한 자신을 발견하게 되었다. 그도 그럴 것이 젊은 날에 본 역사서는 근현대사가 대부분이었고, 조선사에 대한 지식이라고는 중·고교 시절에 학교에서 배운 단편적인 것들이 거의 전부였다. 당시 나는 신문사에서 시사만화를 그리고 있었다. 다행히 신문사에는 조그만 도서실이 있었는데, 틈틈이 그곳에서 난생처음 조선사에 대한 여러 책을 접할 수 있었다.

　조선사, 특히 정치사는 흥미진진했다. 거기에는 우리에게 익숙한 수많은 역사적 인물의 신념과 투쟁, 실패와 성공의 이야기가 있었고,《삼국지》나《초한지》등에서 만나는 극적인 드라마와 무릎을 치게 하는 탁월한 처세가 있었다. 만화로 그리면 재미있겠다는 생각이 들었다. 몇 권 더 구해 읽다 보니 한 가지 궁금증이 생겼다. 어디까지가 정사에 기록된 것이고 어느 부분이 야사에 소개된 이야기인지가 모호했다. 이 대목에서 결심이 섰던 것 같다. 조선 정치사를 만화로 그리자, 그것도 철저히《실록》에 기록된 정사를 바탕으로 그리자.

　곧이어 다니던 신문사를 그만두고《국역 조선왕조실록 CD-ROM》을 구입했다. 돌이켜보면 참 무모한 결심이었다. 특정한 출판사와 계약한 것도 아니고,《실록》의 한 쪽도 직접 본 적 없는 상태에서 작업에 전념한다는 미명 아래 회사부터 그만두었으니. 내 구상만 듣고 아무 대책 없는 결정에 동의해준 아내에게도 뭔가가 씌웠던 모양이다. 궁궐을 찾아 사진을 찍고 화보자료를 찾아 헌책방을 기웃거렸다. 1권에 해당하는 부분을 공부한 뒤 콘티를 짜기 시작했다. 동네를 산책하면서도 머릿속에서는 항상 그 시대의 인물들이 이야기를 주고받고 다투곤 했다. 어쩌다 어떤 인물의 행동이 새롭게 이해되기라도 하면 뛸 듯이 기뻤다.

마침내 펜선을 입히면서 수십 장이 쌓인 뒤 처음부터 읽어보면 이게 아닌데 싶어 폐기하기를 서너 번, 그러다 보니 어느새 1년이 후딱 지나가버렸다. 아무런 결과물도 없이 1년이 흘렀다고 생각하니 슬슬 걱정이 차오르기 시작했다. 이러다간 안 되겠다 싶어 100여 장의 견본을 만들어 무작정 출판사를 찾아가기로 했다. 그렇게 견본을 만든 후 몇 군데에서의 퇴짜는 각오하고 출판사를 찾아가려던 차에 동료 시사만화가의 소개로 휴머니스트를 만나게 되었고, 덕분에 다른 출판사들을 찾아가지는 않아도 되었다.

이 만화를 그리며 염두에 둔 나름의 원칙이 있다면 이랬다.
첫째, 정치사를 위주로 하면서 주요 사건과 해당 사건에 관련된 핵심 인물들의 생각과 처신을 중심으로 그린다.
둘째, 《실록》의 기록을 바탕으로 하면서 학계의 최근 연구 성과를 적극 고려하고 필자 스스로도 적극적으로 해석에 개입한다.
셋째, 성인 독자들을 주된 대상으로 삼되, 청소년들과 역사에 관심이 남다른 어린이들이 보아도 무방하게 그린다.

흔쾌히 출판을 결정해준 휴머니스트 김학원 대표와 책이 나오는 데 애써준 휴머니스트 식구들에게 감사드린다. 그리고 언제나 곁에서 응원해주고 적절히 비판해주는 아내와 사랑하는 두 딸! 고맙다.

2003년 6월

세계기록유산은 모두의 것이며,
모두를 위해 온전히 보존되고 보호되어야 하며,
문화적 관습과 실용성을 충분히 인식하여
모든 사람이 장애 없이 영구적으로 접근할 수 있어야 합니다.

The world's documentary heritage belongs to all,
should be fully preserved and protected for all and,
with due recognition of cultural mores and practicalities,
should be permanently accessible to all without hindrance.

―〈유네스코 '세계의 기억' 프로그램의 목표〉 중에서

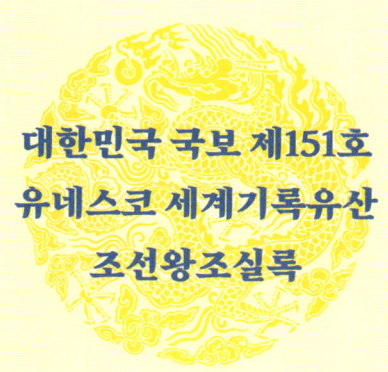

**대한민국 국보 제151호
유네스코 세계기록유산
조선왕조실록**

진실성과 신빙성을 갖추고
25대 군주, 472년간의 역사를 6,400만 자에 담은
세계에서 가장 장구하고 방대한 세계기록유산.
세계인이 기억해야 할 위대한 유산
《조선왕조실록》의 세계로 초대합니다.

차례

머리말 4
등장인물 소개 10

제1장 반정의 주역들

서인반정 14
김류와 이귀 19
이괄의 반란 25
새 임금의 다짐 38

제2장 정묘호란 전후

가도의 모문룡 46
정묘호란 발발하다 52
강화도에서 57
힘없는 나라의 백성 64

제3장 치욕의 날들

추숭에 힘을 쏟다 72
척화선언 83
눈보라 치는 남한산성 90
항복이냐 항전이냐 99
삼전도의 굴욕 110

제4장 **병자호란 이후**

항복 이후의 일들　124
파병과 횡의　134
김상헌과 최명길　140
임경업과 정명수　152

제5장 **왕의 폭주**

당당 소현세자　166
커져가는 의심　171
의문의 죽음　183
잔혹 인조　193
무엇을 하였는가　204

작가 후기　216
《인조실록》연표　218
조선과 세계　224
Summary: The Veritable Records of King Injo　225
The Veritable Records of the Joseon Dynasty　226
세계기록유산,《조선왕조실록》　228
도움을 받은 책들　229

등장인물 소개

인조
조선 제16대 임금으로 두 차례의 외침을 겪고 항복식을 치른다.

소현세자

봉림대군(효종)

인성군과 흥안군

세자빈 강씨
인조의 미움을 받아 사약을 마시고 죽는다.

후궁 조씨(조 귀인)
소현세자 내외를 불행으로 몰아넣은 장본인.

이귀와 김류
반정 1등공신으로 초기부터 서로 대립한다.

김상헌과 최명길
절의론과 현실론을 대표한다.

이괄
반정공신으로 반란을 일으켜 인조를 피난케 한 주인공.

정충신
이괄의 난 평정에 결정적 공훈을 세운다.

청 태종(홍타이지)

예친왕 도르곤

김자점
인조 말년의 실권자.

임경업
비운의 명장.

청 통사 정명수
조선 관노 출신.

용골대와 마부대
병자호란 때 선봉장이자 전쟁 전후 대 조선 외교를 담당했다.

유해
정묘호란 때 조선과의 화친을 주도한 후금 사신.

모문룡
가도에 근거지를 마련한 명나라 장수로 조선에는 골치 아픈 존재.

원숭환
영원성의 책임자로 후금의 침입을 막은 명나라 명장.

아민
정묘호란 때 후금군의 총사령관.

공주 공산성
백제 때 축성된 산성이다. 인조는 반정으로 왕위에 오른 지 채 1년도 안 되어 반정공신인 이괄의 반란 때문에 이곳까지 피난을 와야 했다. 충남 공주시 산성동 소재.

제1장

반정의
주역들

서인반정

광해군 시절, 폐모 논의가 한창일 때 이이첨파의 한 유생은 다음과 같은 상소를 올렸더랬다.

소북은 서궁(인목왕후)이 결국 화근이 됨을 알면서도 폐해선 안 된다며 대북과의 차별성을 보여주려 하고 있고

남인들은 모두 교활한 무리로서 누가 성공하고 누가 실패하는지 앉아서 바라보면서 은밀히 서인과 한패가 되고 있으며

서인은 줄곧 서궁에 마음을 두고 기어코 그를 보호함으로써 후일의 부귀를 누릴 터전으로 삼으려 하고 있나이다.
:

반정의 성공으로 그의 말은 사실이었음이 확인되었다.

그렇네! 그러고 보니 이번 반정은

소북이 방관하고

남인이 은밀히 방조한

서인의 반정이네 그려.

선조 말년 이후 30년 가까이 권력은 고스란히 북인의 소유였다.

북인 내에서 분화가 이루어져 유영경당이 잠시 집권했다가

광해군의 즉위와 함께 소북·대북 연합 정권이 서고,

후기에는 이이첨이 이끄는 대북의 독주가 이어졌다.

이사이 서인의 위상은 초라했다.

그러나 이이, 성혼의 제자들을 위주로 한 서인은 기호 일대에 뿌리가 깊은 세력이었고,

당파가 처음 태동할 때부터 동인-북인의 맞상대로 싸워온 그룹이다.

그런 저력을 알기에 대북 정권은 서인에 대한 경계를 늦추지 않았던 것인데…….

무인인 이서와 신경진이 능양군과 함께 반정을 결의하고,

인조의 인척인 구굉, 구인후를 끌어들였다.

제1장 반정의 주역들 15

신경진과 김류는 왜란 초 탄금대 전투에서 전사한 신립 장군과 부장 김여물의 자식이다.

이어 신경진은 서인의 간판 이귀와 접촉한다.

일찍이 이이가 죽은 뒤 동인의 공격을 받자 이귀는 유생의 신분으로 상소를 올려 스승을 옹호하고 이산해, 이발 등을 공격해 세상에 이름을 알렸다.

김류와 이귀

이괄의 반란

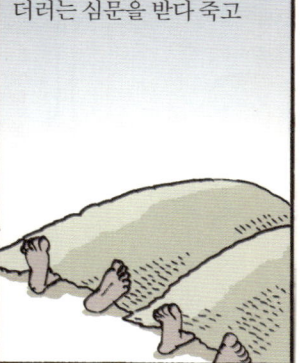

거명된 유몽인은 《어우야담》을 남긴 이로, 광해군 시절에 이조 참판까지 지냈지만, 폐모에 반대해서 미움을 샀던 인물.

그러나 다음과 같은 시를 지어 불사이군의 충정을 노래했다.

상부탄 (孀婦歎)

칠십 늙은 과부가
혼자서 규방을 지키고 사네.
사람마다 개가하기 권하여
좋은 남자 용모가 무궁화 같다 하였네.

여사의 시를 늘 외웠고
태임, 태사의 가르침을 제법 알았소.
흰 머리에 청춘의 용모를 꾸민다면
분가루한테 부끄럽지 않겠소?

七十老孀婦
單居守閨壼
人人勸改嫁
善男顏如槿

慣聽女史詩
稍知妊姒訓
白首作春容
寧不愧脂粉

그의 아들 유약은 한 발 더 나갔다. 폐세자가 죽게 되었을 때 직접 강화로 가서 일을 이루려고 하기도.

아들아! 헛되이 죽을 뿐이다.

부자는 그렇게 옛 임금에 대한 충절을 지키려다 죽음을 맞았다.

봤지? 내 고변이 단지 창작은 아니라고.

두어 달 뒤 전 훈련대장 이시언이 고변했다.

황현이 찾아와 말하기를,

지금 주상은 하는 짓이 폐조보다도 심하다며 원성이 자자하니 폐하고 흥안군을 세우자고 하였습니다.

또 수십 명이 끌려와 문초를 받았다.

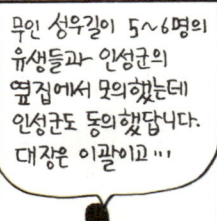

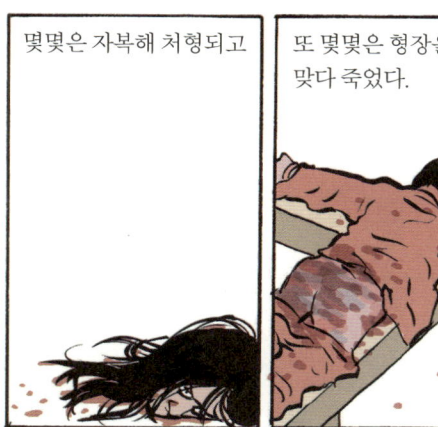

* 공초(供招): 범죄 사실과 관련한 죄인의 진술.

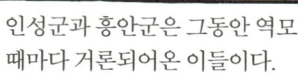

항왜(降倭)란 항복한 왜인들, 즉 일본군을 말한다.

이때 이괄 부대에는 수십 혹은 수백의 항왜가 있었던 것.

그러기로 결정하고 한 사람을 뽑아 사신으로 보내려는데 이원익이 만류한다.

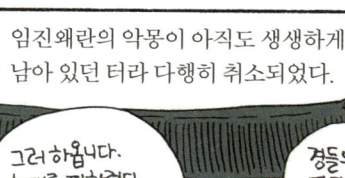

새 임금의 다짐

이귀는 처음부터 인성군의 처리를 주장했다.

"인성군은 종친들을 거느리고 모후를 폐하자고 주청했던 자이옵니다."

"아들로서 모후를 폐하자고 청한 자를 너그럽게 용서해서야 되겠사옵니까?"

"인성의 죄야 누군들 모르겠소? 하나 그의 본심을 생각해보면 어찌 불쌍하지 않겠소?"

그런데 이후 두 차례나 역모 사건에 이름이 오르내리더니

"인성군을 세우려 했습니다."

"인성군을…"

심지어 이괄의 난 때에는 인성군이 직접 자금을 제공하는 등 참여했다는 진술까지 나왔다.

'이 양반이 진짜… 아냐, 아냐! 동기를 사랑하라. 동기를 사랑하라.'

이귀가 다시 청했다.

"인성군을 이대로 그냥 둘 순 없나이다. 대의로 결단하셔야 하옵니다."

"경의 말은 나라를 망칠 말이오."

"폐조가 망한 것은 오로지 동기를 살해한 데서 비롯된 것인데 경이 이런 말을 하다니 내 매우 그르게 생각하오."

다시 이해 겨울에는 광해군 시절 정승이었던 박홍구와 그의 아들들이 역모를 꾀한 사건이 있었다.

이들도 광해군을 복위시키거나 인성군을 추대키로 했다는 진술을 한 것이다.

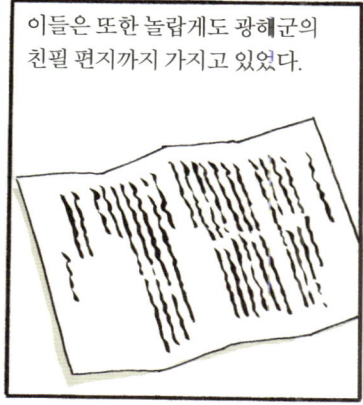
이들은 또한 놀랍게도 광해군의 친필 편지까지 가지고 있었다.

사건이 실패로 끝나자 광해군은 빗질도 않은 채 음식도 먹는 둥 마는 둥 한동안 통곡으로 시간을 보냈다.

엉 엉

사실 역모 사건 때마다 광해군도 거론되었다.
"폐주를 복위시키고"
"폐주를 상황으로 옹립한 뒤…"

그러나 인조도 신하들도 그를 제거할 생각은 하지 않았으니, 이 역시 인정해주어야겠다.

'그랬다간 반정한 명분이 사라지거든.'

인조는 또 광해군의 실패가 특정 당파에 놀아난 때문이라 보았다.

"내 비록 서인에 의해 추대되었지만 당파 정치는 절대로 용인하지 않으리라."

어느 날 조강.
"옳고 그름을 막론하고 편당의 일은 결코 말하지 않아야 할 것이다."

연미정
고려 때 건축된 정자로, 인천광역시 강화군에 있다. 후금이 쳐들어오자 서둘러 강화로 피신한 인조는 명나라와 단절하지 않아도 좋다는 제안을 받자 화친에 동의하고 이곳에서 정묘호란을 마무리하는 조선과 후금 간의 의맹식을 치른다.

제2장

정묘호란
전후

가도의 모문룡

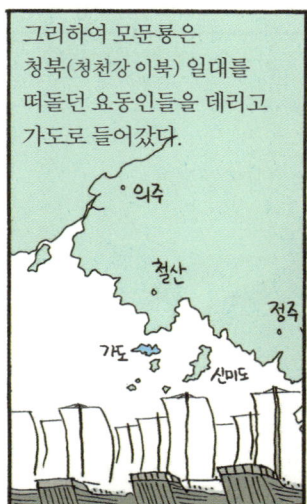

공교롭게도 당시 명 조정은 인조반정을 별로 반기지 않았다.

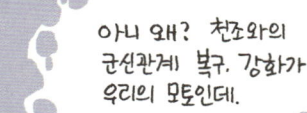

명으로부터 인조에 대한 책봉 승인이 떨어진 건 반정을 하고 1년이 지나서였다.

그는 은냥을 내놓고 식량과 무역할 것을 원했고

조선은 승낙했다. 그런데 작은 가도에 있는 인구는 무려 수십 만,

한 해 조정 예산의 3분의 1에 해당하는 양곡이 가도로 보내졌다.

하지만 값을 얼마로 책정해주든 흉년이 닥치면 사정이 달라진다.

할 수 없이 공급을 줄이면

굶주린 그들은 서해안에 상륙해 약탈을 일삼았다.

수령을 협박해 창고의 곡식을 털기도 했고

살인도 서슴지 않았다.

어느새 가도의 모문룡은 인조 정권에게도 감당하지 못할 골칫덩이로 자리 잡았다.

정묘호란 발발하다

이즈음 후금에선 중대한 정세 변화가 있었다.

승승장구하던 누르하치는 산해관의 길목인 영원성에서 일생일대의 큰 패배를 당한다.

영원성의 방어를 맡은 이는 원숭환.

산해관의 책임자인 그는 영원성의 전략적 가치를 발견하고 요새화함과 동시에

더 높이! 더 튼튼히!

최신예 무기인 홍이포를 들여와 배치했다.

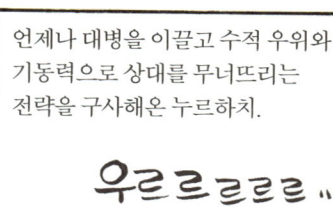
언제나 대병을 이끌고 수적 우위와 기동력으로 상대를 무너뜨리는 전략을 구사해온 누르하치.

이번에도 대군을 동원해 총공세에 나섰는데

견고한 성채와

홍이포의 위력 앞에 무너지고 만 것이다.

그리고 몇 달 뒤인 인조 4년(1626) 9월, 누르하치가 죽었다.

8기제는 후금의 군사체제일 뿐만 아니라 정치체제의 근간을 이룬다.
각 기의 지휘자를 버일러라고 부르는데

이 버일러들이 칸을 도와 국정을 운영했다.

버일러들은 누르하치의 8남이자 네 번째 버일러인 홍타이지를 새 칸으로 선출했다.

칸! 니가 해라.

모두의 뜻이라면.

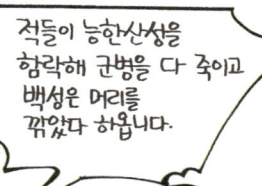

조선의 방어선은 하나씩 무너져갔다.

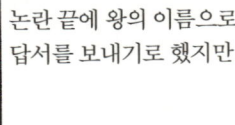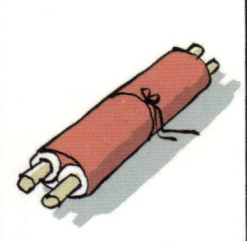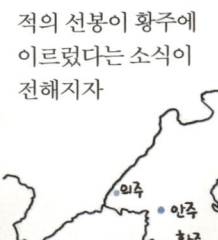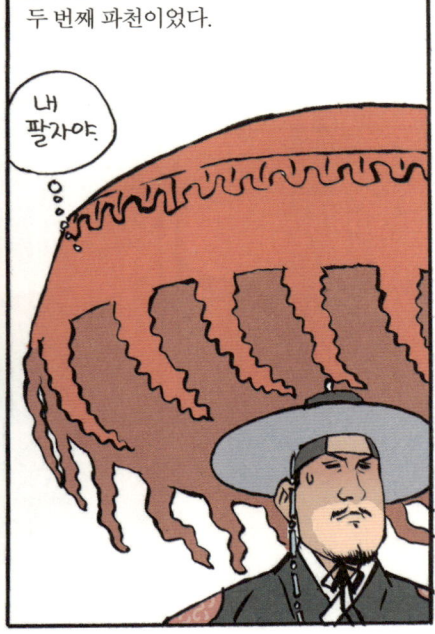

강화도에서

이때 후금군의 총사령관은 홍타이지의 사촌인 버일러 아민, 군병 수는 3만여 명.

조선을 점령해 완전 항복을 받아내기엔 부족한 숫자.

아민은 곧장 서울로 진격하지 않고 천천히 내려오며 협상을 모색했다.

아민이 보낸 사신 유해가 답글을 가지고 갑곶에 도착했다.

대금국 이왕자 (아민)는 조선 국왕께 답서를 보냅니다.

……

두 나라가 화친하고 좋게 지내는 것은 모두 아름다운 일입니다. 귀국이 진정으로 화친을 바란다면 명나라를 섬기지 말고 그들과 왕래를 끊고서 우리가 형이 되고 귀국이 아우가 됩시다.

설령 명나라가 노여워할지라도 우리 이웃 나라가 가까운데 무엇이 두렵겠습니까?

명과의 단교?

절대로 아니 되옵니다. 명과의 단교는 의리상 할 수 없다고 답하셔야 하옵니다.

조선의 회답은 이러했다.

"… 우리나라가 본디 예의의 나라로 일컬어져 왔는데 하루아침에 황조를 저버린다면 귀국도 장차 우리를 어떻게 여기겠소이까? 대국을 섬기고 이웃나라와 교제하는 예에는 본시 방도가 있는 것입니다. 지금 우리가 귀국과 화친하는 것은 이웃 나라와 교제하는 것이요. 황조를 섬기는 것은 …"

"흥! 우리가 군사를 출동시킨 것은 명나라 때문이오. 일이 완결되면 바로 떠나겠지만 그렇지 않으면 한양으로 가서 1년간 농사를 지으며 돌아가지 않을 것이오."

한편으로는 강경한 태도를 보이면서도 사신 유해와 함께 강홍립·박난영을 보내왔다.

'이 정도 군병으로 한양을 점령했다가 8도의 군사가 사방에서 협공해오면 아무리 우리라 해도 버티기 힘들지. 우리도 화친이 필요해.'

열혈 대간들이 목청을 돋운다.

"적이 위협해 화친하자는 것은 강홍립 등이 흉계를 세운 것이옵니다. 먼저 강홍립의 머리를 베소서!"

강홍립은 포로로 지내면서도 변발을 거부한 채 조선의 신하로 버텨왔다.

* 칭신(稱臣): 스스로 신하라고 부름. 또는 신하가 되어 임금에게 복종함.

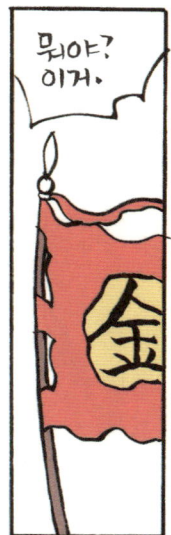

* 봉강(封疆): 황제가 제후로 봉하면서 내리는 땅. 여기서는 조선과 후금 각자의 국토를 말한다.

그런데 또 다른 문제가 불거진다.

힘없는 나라의 백성

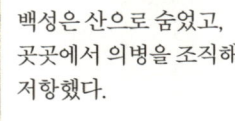

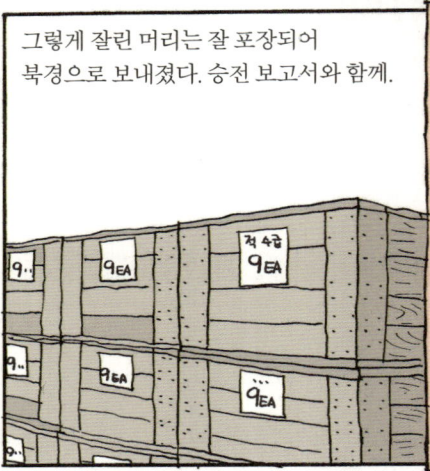

후금은 완전 철수를 행하기 전에 칸의 이름으로 다음과 같은 국서를 보내왔다.

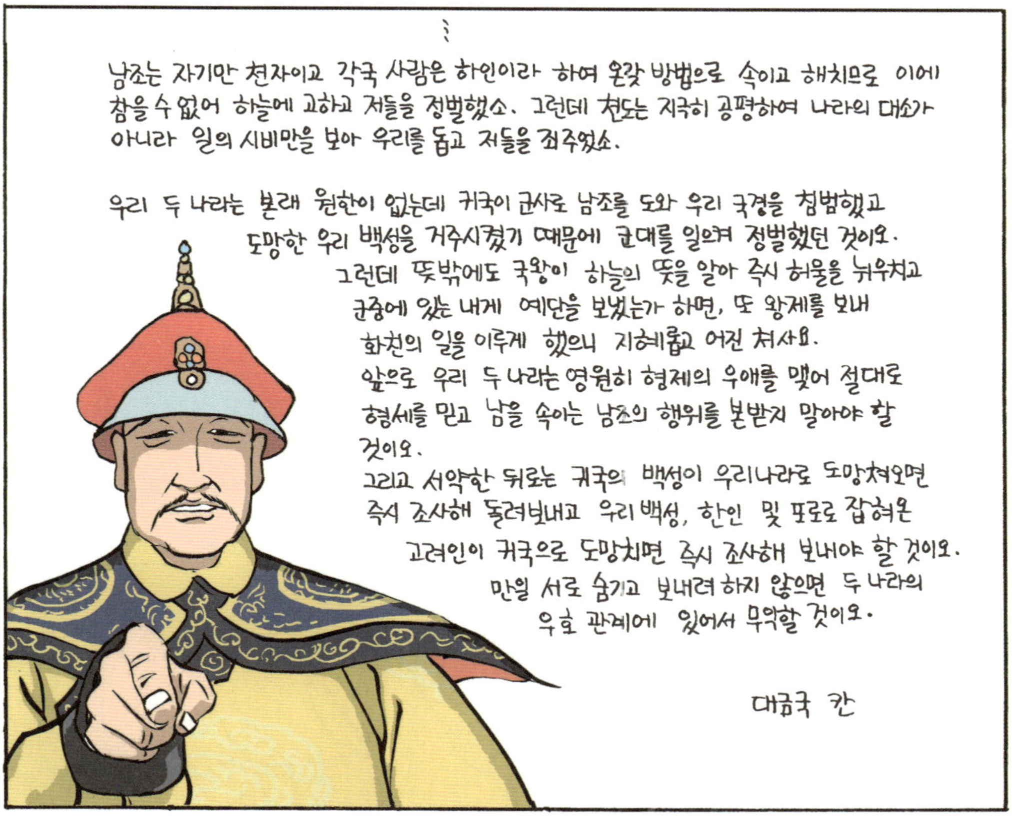

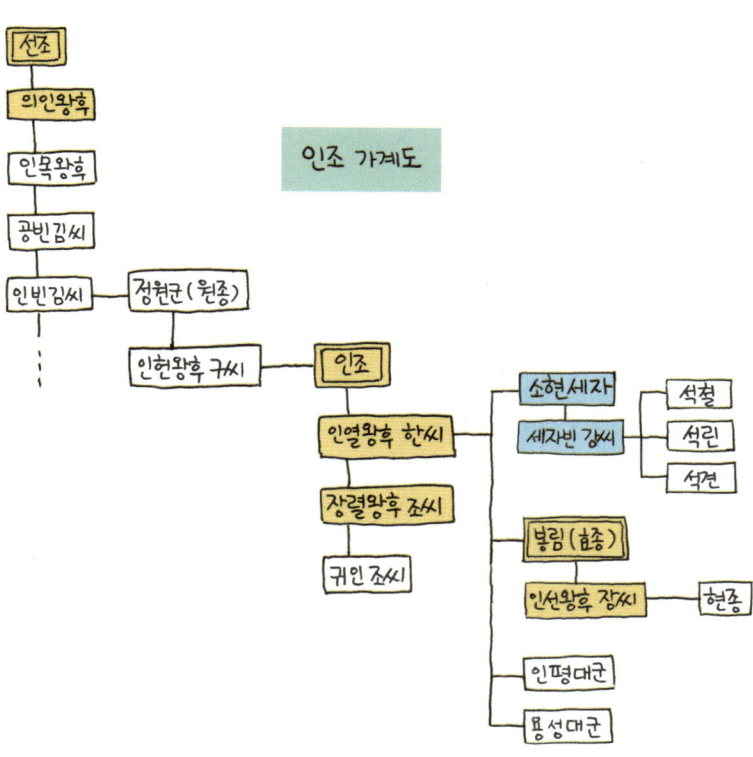

남한산성
인조는 후금의 침입을 대비해 즉위하자마자 이 산성을 요새화했지만,
이 외로운 성만으로 10만의 청군을 막을 수는 없어서
문을 열고 나가 삼전도에서 항복식을 갖는다. 경기도 광주시 소재.

제3장

치욕의
날들

추숭에 힘을 쏟다

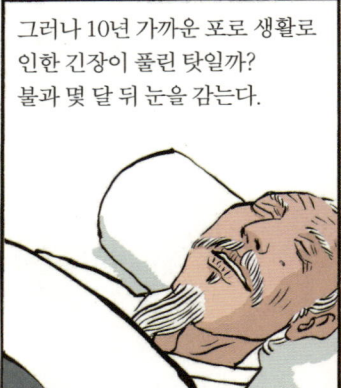

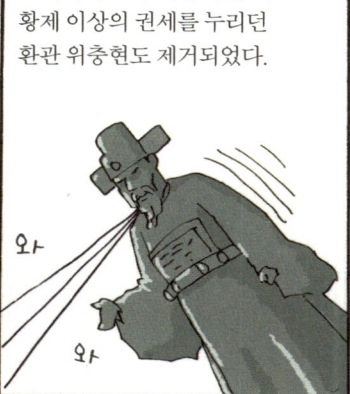

전광석화 같은 처리에 모문룡의 부하들도 얼어붙은 채 지켜볼 수밖에 없었다 한다.

그러나 이 일은 부메랑이 되어 원숭환에게 돌아온다.

이유야 어쨌든 고위 장수를 황제의 승인 없이 베어버린 것이었으니.

이건 빼박박 반역이야~

원숭환이 속한 당에 적대적인 세력들은 이를 갈았고,

뿌드드득…

홍타이지는 이런 정황을 기막히게 활용했다.

소문을 퍼뜨려라. 원숭환이 사실은 우리랑 비밀리 통하고 있다고.

필요하면 그럴싸한 상황 연출도 좀 하고 말야. ㅋ

소문이 퍼지고 모함이 들어오자 의심 많은 새 황제 숭정제는

모문룡을 멋대로 제거할 때도 이상하다 싶었어. 역시 적들과 한통속이었어!

원숭환을 소환해 책형이라는 잔인한 형벌로 죽여버린다.

그렇게 후금에 산해관만큼이나 견고해 보였던 원숭환이 사라진 것이다.

아싸!

제3장 치욕의 날들 75

모문룡의 부하 장수인 공유덕, 경중명은 수백 척의 함대와 수군을 이끌고 후금에 투항했다.

더군다나 그들은 수십 문의 홍이포와 그 제작 기술까지 후금에 넘겨버렸다.

"아버님께 패배를 안겨준 바로 그 홍이포구나. 이제 이놈으로 패배를 갚아야지."

이렇듯 조선을 둘러싼 정세는 또다시 요동치기 시작했지만, 조선은 별반 달라지지 않았다.

"비록 우리가 힘이 없어 저 금수같은 것들을 형으로 대하기로 했지만 어림없다 야."

후금은 여전히 오랑캐였고, '마음은 언제나 명나라'였다.

"우리가 따르는 건 명나라뿐!"

"언젠가는 저 오랑캐들에게 의리를 밝히고 듣지 않으면 일전을 벌여 치욕을 갚으리라."

그러나 '생각'은 그 자체로 힘이 되지는 못한다.

대신 인조는 즉위 초부터 염두에 두었던
아버지 정원대원군의 추숭사업에 매달렸다.

즉위 초 친부의 제사와 관련해 논란이 있었다.
예조 판서 이정구.

이에 김장생이 상소했다.

*소종(小宗): 맏아들의 집안에서 갈려나간 방계.
*지손(支孫): 맏아들이 아닌 사람의 자손.

좌의정 김류도

우의정 이정구도 반대한다.

강력히 반대하는 간원들은 유배하고

뜻이 다름을 말하며 체직을 청하면 바로 처리했다.

이윽고 이듬해 추숭도감이 설치되고

마침내 인조 10년 3월 추숭이 거행되었다.

그렇게 정원군은 원종이라는 묘호까지 받아 종묘로 들어갔고

묘는 능으로 높여졌다.

즉위 이래 되는 일이 하나 없었는데 이제 뭐 좀 이룬 것 같구나.

추숭 과정을 통해 모처럼 왕의 마음을 얻은 이귀는 그러나

제대로 총애를 받아보지 못한 채 이듬해 눈을 감았다. 향년 77세.

척화선언

그리고 함께 보낸 칸의 글.

```
```귀국이 명에 바치는 것은 몹시 번다하고
명 사신이 왕래할 때에도 기만과 탐욕을 한도 없이
한다는데 어째서 이는 달게 받아들이면서도
유독 우리나라에 주는 사소한 물건들에 대해서는
원망을 하오?

더구나 귀국이 주는 물건은 본래 정으로 주는 물건이
아니고 우리가 요구한 물건도 아니오.
이는 귀국이 까닭 없이 명을 도와 우리를 침범했기
때문에 하늘이 벌을 내려준 것이니 우리가 그 숫자를
정한 것도 실로 이 때문이오
```

모월 모일 대금국, 칸
```

막 추숭을 마친 인조. 정통성을 공고히 하고 나니 갑자기 용기가 솟은 걸까? 전에 없이 강경한 답장을 준비하게 하고 보내라 이른다.

자알 썼다. 이대로 자구를 고치지 말고 보내도록 하라.

나 이런! 적반하장도 유분수지.

비변사가 깜짝 놀라 아뢴다.

이… 답서는 사실상 외교를 끊자는 것인데 좋은 계책이 아닌 듯하옵니다.

```
```귀국은 이처럼 구구한 뜻을
헤아리지 않고 또 따르기 어려운
요청을 하니 어찌 처음에 맹약한
본의라 하겠소이까?

남에겐 의리상 할 수 없는 일을
하라고 강요하고 힘이 닿지 않는 일을
하라고 요구하면서 자신에게는
다른 마음이 없다 하니 누가 믿겠소?
```

모월 모일 조선 국왕
```

오랑캐의 분심이 이미 드러났는데도 경들은 아직도 깨닫지 못하고 그들이 성을 내지나 않을까 염려하고 있구려.

왕의 갑작스럽게 의연하고 단호한 태도에 대신들은 걱정하면서도 입을 열지 못했는데

아, 예 예

이러다 킁 나는데…

최명길만이 상소해 반대 의사를 밝혔다.

그러나 왕의 뜻을 돌리지 못했고

속히 가지고 떠나게 하라!

브레이크를 건 것은 변방의 장수인 도원수 김시양과 부원수 정충신이었다.

잠깐만! 그 국서 좀 보여주오.

금나라 →

그리고 상소하기를

옛 사람이 이르길 이른바 갑주를 입은 용사라는 자는 싸우자고 말할 뿐 강화에 대해 혀를 놀릴 순 없다고 하였나이다 …… (하오나)

지금 죄상을 들어 국교를 끊는 것이 성패를 생각하지 않고 차라리 나라와 함께 죽겠노라고 하신 것이라면 신 등이 진실로 감히 이의를 제기할 수 없을 것이옵니다. 하오나 만약 국교를 끊는다는 뜻을 보여 저들로 하여금 두렵게 하려는 것이라면 이 오랑캐는 너무도 교활해 이에 동요되지 않을 것입니다.

나라를 꾀하는 방법으로 볼 때 이처럼 위험한 계책을 써서야 되겠사옵니까?

저들의 국서는 모욕을 줌이 극심했다. 그래서 졸결한 생각으로 상의를 거쳐 (그러한 국서를) 결정했던 것인데

이제 생각들이 변해 무신들은 춥지도 않은데 떨고 문신들은 천장을 쳐다보고 슬퍼하며 허물을 내게 돌리는구나.

제3장 치욕의 날들 85

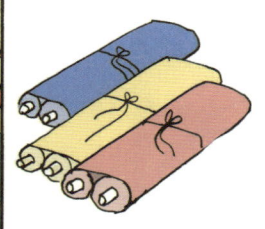

왕은 분연히 척화 교서를 반포했다.

왕은 이르노라!

··· 우리 나라가 갑자기 정묘년의 변을 당해 부득이하게 임시로 기미할 것을 허락했는데 오랑캐들의 요구는 한이 없어서 곤갈이 날로 심해지고 있도다. 이는 참으로 전에 없는 치욕이다.

그러나 치욕을 참고 통한을 견디며 장차 한번 기운차게 일어나 이 치욕을 씻기를 생각함이 어찌 끝이 있으랴. 요즘 이 오랑캐가 더욱 창궐하여 감히 참람된 칭호를 가지고 의논한다고 핑계대며 글을 가지고 왔었다. 이것이 어찌 우리 군신이 차마 들을 수 있는 것이겠는가?

이에 강약과 존망의 형세를 헤아리지 않고 한결같이 정의로 결단해 그들을 물리치고 받지 않았노라. 도성 사람들은 병화가 조석에 박두했음을 알면서도 도리어 그들을 배척하고 끊은 것을 통쾌하게 여기고 있다. ··· 충의로운 선비는 있는 책략을 다하고 용감한 사람들은 종군을 자원하여 다함께 난국을 구제하여 나라의 은혜에 보답하라.

숭정 9년 모월 모일

나라 안에는 묘한 통쾌함과 불안감이 교차했으리라.

그래 함 붙자!

안 될 텐데

소식을 들은 왕은 더욱 분격했다.

우리 수천 리의 국토를 가지고 있는데 어찌 움츠리고만 있으면서 저들의 모욕을 받아야겠는가?

그러거나 말거나 홍타이지는 (이하 청 태종) 황제 즉위식을 가졌다.

나라 이름은 청(清)으로,

연호는 숭덕으로 하노라!

*기미(羈縻): 소나 말에게 굴레를 씌우듯 자유를 얽어맴을 이름.
*참람(僭濫): 행동이나 말이 분수에 맞지 않게 너무 지나침.

눈보라 치는 남한산성

*참칭(僭稱): 분수에 넘치는 칭호를 스스로 칭함.

광해군이 주문했던 '중도에서 적을 막을 대책'은 없는 셈이었다.

정묘년에 적장 아민은 겨우 3만여의 군대만 이끌고 왔다.

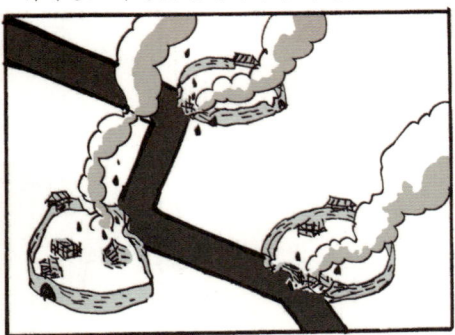

그 때문에 그들은 고립의 위험에 빠지지 않기 위해 중도의 성을 함락해가며 내려왔다.

그만큼 진격 속도도 더뎠고

깊숙이 들어와 장기전을 할 만큼 무모하지도 않았다.

"겁을 주고 유리하게 협상을 이끌어 내는 게 나의 전략이라네."

그러나 이번에는 달랐다. 우선 군병 수만 해도 10만에 이르렀다.

그들은 진군 도상에 있는 성들에 그다지 신경 쓰지 않았다.

"쟈식들이 우릴 아주 개무시하고 지나가네."

"고맙게도..."

공격을 하더라도 일부 병력만 떼어내 담당케 하는 경우가 많았다.

"뚝"

그 때문에 진격 속도는 놀라웠다.

항복이냐 항전이냐

12월 18일, 왕은 행궁 남문에 나아가 백관에게 교유했다.

12월 19일, 적이 남문에 육박하자

화포로 공격해 물리쳤다.

* **교유**(教諭): 임금이 신하나 백성에게 가르치고 타이름.

1월 3일 최명길이 지은 글을 가지고 갔으나 거절당했다. 1월 4일, 윤집 등이 격렬히 최명길을 탄핵했다.

* 소방(小邦): 작은 나라란 의미로 조선이 중국에 대해 스스로를 낮춰 부르던 말.

이조 참판 정온이 최명길과 그가 지은 국서를 극력 규탄했지만

다음 날인 1월 20일, 답서가 왔다. 협상은 막바지로 달려가고 있었다.

국서는 보내졌고

삼전도의 굴욕

진을 지키던 조선군은 겁에 질려 대응할 엄두도 내지 못했다.

마침내 청군은 대거 상륙해

성을 포위해버렸다.

형세를 돌이킬 수 없다고 본 김상용은 문루에 올라

화약에 불을 붙여 자폭했다.

손자와 종 각 1명, 전 우승지 홍명형, 생원 김익겸, 별좌 권순장도 함께 불 속으로 뛰어들어 생을 마쳤다.

사복시 주부 송시영 등 목을 맨 이들도 여럿이었다.

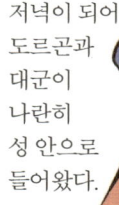

이들이 죄다 파헤쳐져 훼손된 것이 많았을 뿐 아니라 인순왕후의 신주는 아주 잃어버렸다.

이 일로 윤방은 뒷날 두고두고 비난받고 벌도 받아야 했다.

각설하고,

난공불락이라던 강도가 그렇게 쉽게 무너지다니! 아! … 이젠 어쩔 수가 없구나.

지금이라도 결단하시면 그래도 만에 하나 희망이 있사옵니다.

차라리 자결하고 싶구나. 그러나 저들이 대군과 궁빈들을 거느리고 있으니 그럴 수도 없고 …

성에서 나가시면 보존될 확률과 위태로울 확률이 반반이지만 나가지 않으실 시엔 열이면 열 망하고 말 것이옵니다. 저언하!

1월 27일, 조선 측 마지막 국서가 보내졌다.

찌식

… 만약 혹시라도 일이 어긋나면 칼로 자결하는 것이 나을 것입니다. 삼가 바라옵건대 성자께서는 뜻을 분명히 밝혀주시어 신이 안심하고 귀순할 수 있도록 해주십시오.

숭덕 2년 1월 모일 조선 국왕 이종

관온 인성황제는 조선 국왕에게 조유한다.

… 지난날의 죄를 모두 용서하고 규례를 상세히 적어 군신이 대대로 지킬 신의로 삼는 바이다.
그대가 만약 잘못을 뉘우치고 스스로 새롭게 하여 은덕을 잊지 않고 자손을 맡기고 귀순하여 자손의
장구한 계책으로 삼으려 한다면,

- 명나라가 준 고명과 책인을 헌납하고 그들과의 수호를 끊고 그들의 연호를 버리고 일체의 공문서에 우리의 연호를 받들라.
- 그리고 그대는 장자 및 재일자(再一子)를 인질로 삼고 제 대신은 아들이 있다면 아들을, 없으면 동생을 인질로 삼으라.
- 만일 그대에게 뜻하지 않은 일이 발생하면 짐이 인질로 삼은 아들을 세워 왕위를 계승하게 할 것이다.
- 그리고 만일 짐이 명나라를 정벌하기 위해 조칙을 내리고 사신을 보내 그대 나라의 보병, 기병, 수군을 조발하거든 착오가 없도록 하라.
- 짐이 이번에 군사를 돌려 가도를 공격해 취하려 하니 그대는 배 50척을 내고 수병, 창, 포, 궁, 전 등을 모두 스스로 준비함이 마땅하다.
- 그 외 사신, 표전문 등은 과거 명나라에 했던 대로 하라.
- 군중의 포로들이 압록강을 건너 도망해 되돌아온다면 체포해 돌려보내도록 하고, 만일 속바치고 데려오려 한다면 그 주인의 편의대로 들어주라.
- 내외의 제신과 혼인을 맺어 화호를 굳게 하도록 하라.
- 성벽은 신축, 수리를 허용하지 않는다.
- 그대 나라에 있는 올량합 사람들은 모두 쇄환해야 마땅하다.

그대는 이미 죽은 목숨이었는데 짐이 다시 살아나게 했으며,
거의 망해가는 그대의 종사를 온전하게 하고, 이미 잃었던
그대의 처자를 돌려주었다.
그대는 마땅히 국가를 다시 일으켜준 은혜를 생각하라
뒷날 자자손손토록 신의를 어기지 않는다면 그대 나라가
영원히 안정될 것이다.
짐은 그대 나라가 되풀이해서 교활하게 속였기 때문에
이렇게 교시하는 것이다.

숭덕 2년 정월 28일

P.S. 세폐는 황금 1백 냥, 백은 1천 냥, 수우각궁면 2백 부,
표피 1백 장, 다 1천 포, 수달피 4백 장, 청서피 3백 장,
호초 10두, 호요도 26파, 소목 2백 근, 호대지 1천 권,
순도 10파, 호소지 1천 5백 근, 오조룡석 4령,
각종 화석 40령, 백저포 2백 필, 각색 면주 2천 필,
각색 세마포 4백 필, 각색 세포 1만 필, 포 1천 4백 필,
쌀 1만 포를 정석으로 삼는다.

* 조발(調發): 강제로 군사를 뽑음.
* 세폐(歲幣): 해마다 음력 10월에 중국으로 보내던 공물.

그리고 마침내 운명의 1월 30일,
인조는 서문을 통해 남한산성을 나섰다.

왕은 청나라식 삼배구고두(세 번 절하고 아홉 번 조아리는)의 예를 올렸다. 이제 신하로서 충성을 다해 섬기겠다는 의미다.

그렇게 45일에 걸친 남한산성 농성은 끝이 났다.

심양 고궁
심양은 청이 북경으로 천도하기 전 수도로 삼았던 곳이다.
소현세자와 봉림대군은 병자호란에서 항복한 이후 볼모로 끌려와 이곳에서 9년 동안 살았다.

제4장

병자호란 이후

항복 이후의 일들

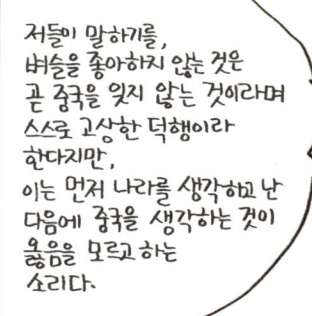

김상용의 두 아들이 상소해 당시 상황을 고했다.

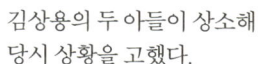

강화에 있었던 윤방을 비롯해 많은 사람이 증언하고 나서야 마지못해 인정했다.

구차하게 살아남은 왕의 열등감이라고나 할까?

* 명경(名卿): 이름이 널리 알려진 뛰어난 정승.
* 석유(碩儒): 학식과 덕망이 높아 뭇사람의 존경을 받는 유학자.

파병과 횡의

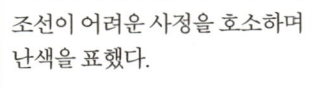

* 횡의(橫議): 빗나간 의논이라는 의미. 청은 명과의 통교를 이렇게 불렀다.

이즈음 청은 조선이 여전히 명과 통교하고 있다는 심증을 갖고 있었다.

다만 아직까지는 구체적인 증거가 불충분했던 모양.

사신으로 온 홍서봉에게 묻기를

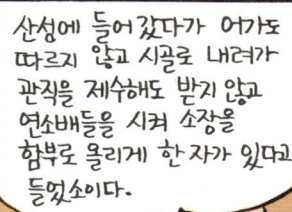

청은 김상헌을 명과 통교한 '횡의'의 주모자로 판단한 모양.

하여 김상헌은 심양으로 압송된다.

제4장 병자호란 이후 137

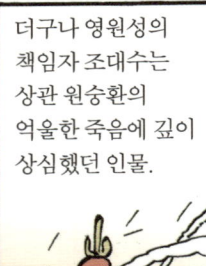

김상헌과 최명길

이때 김상헌의
나이 71세.
선조 29년,
27세에 문과에
급제하여
예조 좌랑,
이조 좌랑,
홍문관 응교 등을
거쳤다.

동부승지로 있던
광해군 3년,
정인홍의
'회퇴변척소'를
극력 비판한 뒤
요직에서
멀어졌다.

강직하고 비타협적인
태도로 이름 높아
인조 초에는 여러 차례
대사헌을 지냈다.

제4장 병자호란 이후

* 재계(齋戒): 제사를 지내기 위해 몸과 마음을 깨끗이 하고 행동을 삼감.

최명길은
김상헌보다
열여섯 살 아래다.

이항복에게서
배웠고,
장유, 이시백 등과
벗했다.

스무 살 되던 해 생원진사시, 문과에 모두
급제해 세상을 놀라게 했다.

"말도 안 돼."

"법대에 합격한 해에 고시까지 붙어 버린 격이잖아."

공조 좌랑, 병조 좌랑 등을 거치면서
잘나가던 그는 사소한 일 때문에
실직당해 야인으로 지내야 했다.

인조반정 때
구체적인 계책이
그의 머리에서
많이 나왔다 한다.

반정 후
누구보다도
승진이
빨랐고,

"우와! 벌써 당상관이야?"

"이조 좌랑에서 이조 정랑, 이조 참의를 거쳐 이조 참판까지 1년도 안 걸렸어."

"멀미 나겠네"

자신의 능력에 대한
자부심이
누구보다도
높았다.

그는 양명학을 공부했고, 적지 않은 영향을 받았다.

현실주의자인 그는 성리학적 요구에 충실한 정치체제가 상당히 변해야 한다고 보았다.

현실을 직시하고 화의를 일관되게 주창한 유일한 인물이고,

주화파라는 비방을 두려워하지 않고 할 말을 다 한 유일한 인물이다.

전쟁 후 왕은 그를 중용한다. 우의정을 거쳐 영의정에 기용했다.

투항한 한인 장수들이 너희가 사람을 보내 내통한 사실을 말했고 문서도 있으니 속일 생각은 말라!

남한산성 이후 양측의 대표로 숱하게 만나서 서로를 잘 아는 사이건만, 용골대는 싸늘하게 물었다.

귀국에 군사를 원조한 이후 남조는 우리의 적이 돼버렸소. 그런데 서해 일로에 아무런 방비가 없는 형편인지라 간첩을 보내 화를 늦춰볼까 했소이다.

그런데 우리 전하께오선 권모술수를 좋아하지 않아 나 혼자서 임경업과 의논해 줄 한 사람을 보냈던 것이오.

물론 황제 폐하께오서 교통과 왕래를 금하신 걸 모르지 않으나 적극으로 대치하면서 어찌 간첩 파견까지 폐할 수야 있겠소이까?

시종 모든 일을 자신이 했다고 하자

청인들도 그의 담대함을 극구 칭찬했다 한다.

과연 참 영인데요

...

함께 끌려온 이들은 거의가 세자의 노력 등이 더해져 오래지 않아 풀려났지만

공교롭게도 김상헌과 최명길은 같은 감옥에 수감되었다.

척화파와 주화파의 대표로 서로를 인정할 수 없었던 두 사람.

재주는 있지만 쓸개가 없는 친구. 아는 말이라고는 '화의' 두 글자뿐이지. 쯧. 화의는 무슨 화의. 실상은 항복인걸. 그렇게 비굴하게 목숨을 보존해서 무얼 한단 말인가?

꽉 막힌 영감. 나라가 사라지고 백성이 도륙되고 나도 절개를 지켰다는 명예만 남으면 되는가? 하긴, 자식 앞에서 목을 맨 걸 보면 절개도 그리 대단하지는 않은 듯하더만.

어느 날 용골대가 둘을 함께 불러 세우고 말했다.

너희는 죽을죄를 저질렀지만 나이 많은 것이 불쌍해서 용서해 주기로 했다. 폐하께서 계신 서쪽을 향해 감사의 예를 올리도록 하라.

하십시다

최명길은 네 번 절해 감사의 뜻을 표했지만

김상헌은 용골대가 독촉해도

끝내 거부했다.
허리가 아파서리…

《실록》에는 별반 전하고 있지 않지만, 야사에서는 이때 심양의 감옥에서 둘이 서로를 깊이 이해하고 존경하게 되었다고 전한다.

정녕 그대의 버팀함은 오직 나라를 위한 것이었구려.

헛된 명성을 좇은 게 아니었습니다. 진정한 절의지사!

야사에는 이때 둘이 주고받은 시도 몇 수 전하고 있는데, 서로에 대한 이해와 함께 자신들의 선택에 대한 신념과 자부심이 가득하다.

양대의 교분을 다시 찾고 백년의 의심을 몽땅 푼다.
從尋兩世好 頓釋百年疑

그대 마음 돌과 같아 끝내 돌리기 어려우나 나의 도는 고리와 같아 경우에 따라 돈다.
君心如石終難轉 吾道如環信所隨

제4장 병자호란 이후 149

그냥 비방만 하기에는 그의 행적이 아무래도 예사롭지 않았는지 줄기에다 이런 총평을 덧붙이고 있다.

··· 그러나 위급한 때를 만나면 앞장서서 피하지 않았고 일에 임하면 칼로 쪼개듯 분명히 처리하여 미칠 사람이 없었으니 역시 한 시대를 구제한 재상이라 하겠다.

행동이 따르지 않은 채 목소리만 컸던 사대부들이 대다수였던 당시에

신념대로 살고 행했던 김상헌의 존재 또한 우뚝하다.

비록 그가 목숨 바쳐 지키고자 했던 대의가 한계를 가지고 있는 것이긴 하지만, 그의 책임질 줄 아는 절개와

또한 책임질 줄 아는 최명길의 현실주의가 함께 계승되었으면 좋았을 것이다.

그러나 이후의 조선은 최명길을 폄하하고 김상헌의 대의만 떠받드는 데로 나아가고 말았으니

조선의 불행이라 하겠다.

임경업과 정명수

김상헌, 최명길과는 또 다르게 이 격변의 시대를 사는 전형을 보여준 국제화된 두 인물이 있다. 임경업과 정명수.

무과 출신인 임경업은 벼슬에 나선 처음 몇 년을 빼고는 거의 청북 일대에서 근무했다.

가도 정벌 때는 조선군 지휘자로 참전해 청나라로부터 포상을 받았고

이후 청이 파병을 요청할 때면 콕 찍어 임경업이 부대를 이끌 것을 요구하곤 했다.

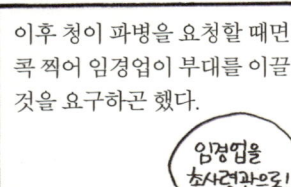

임경업을 총사령관으로!

앞서 보았듯이 금주 전투에는 6,000여 조선군을 이끌고 참전해서는

*청북(淸北): 청천강 이북 지역.

약소국의 장수이자 변방의 관리였지만, 당당하면서도 유연하게 청 장수나 관리들을 상대해

신뢰와 인정을 이끌어냈다.
임경업이라면 믿을 만해

명나라 조정도 그만은 인정했다.

그러나 최명길과 함께 중 독보를 보내 명나라와 비밀리에 통교한 일과

금주 전투에서의 태업 사실이 알려지면서
이자가…

심양의 호출 요구를 받게 되었다.
임경업 꼴!

그런 그에게 반정 1등공신인 심기원이 찾아와 말했다.
임 장군! 어째서 헛되이 죽음의 땅으로 가려는 거요?

그래! 헛되이 죽는 건 의가 아니다.

머리를 깎고 심기원이 가져온 승려 옷을 입고 탈출한다.

그런데 이사이 조선에서는 임경업에게 탈출을 권유했던 심기원이 모반 사건으로 복주되는 일이 있었다.

그는 이런 구상을 가졌더랬다.

반정 뒤에 잘못되는 일들이 많아. 주상을 상황으로 삼고 세자께 전위하게 하자. 그런 다음 명과 손잡고 요동을 치는 거야.

그 뒤 다니러 온 세자를 만나보고는 전략을 바꾸었다.

세자는 큰일을 도모할 위인이 못 돼. 회은군을 세우자.

광주 부윤 권억과 의기투합해 무사들을 모으고 준비해왔는데

거사 직전 고변자들이 나오고 말았다.

20여 명이 역적죄에 상응하는 최고형을 받았고

가산을 적몰하고 부모형제 자식들을 연좌하라.

그 밖에도 수십 명이 형장에 죽고, 자살하고, 참수되었다.

이 사건은 임경업에게도 불똥이 튀고 마는데

특히 문제가 됐던 것은 심기원이 무사들에게 했던 말이다.

정명수는 평안도 은산의 관노. 미래가 없는 운명이었다.

설상가상으로 강홍립 부대에 들어갔다가 후금의 포로가 되었다.

그런데 설상가상이 아니었다. 전화위복이었다.

영리한 그는 청 관리들의 눈에 들었고

마침내는 청 태종의 신임까지 얻기에 이른다.

이후 그는 청 사신이 올 때마다 단골 통사가 되어 따라온다.

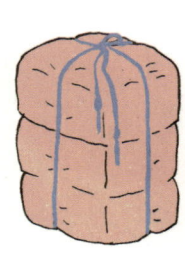

*복호(復戶): 충신이나 효자, 열녀 등에게 요역과 전세 이외의 잡세를 면하게 해주는 것.

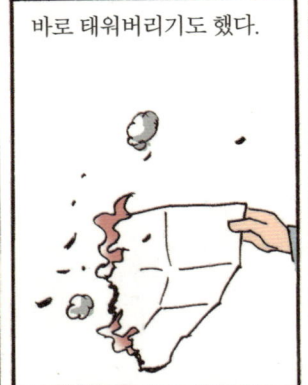

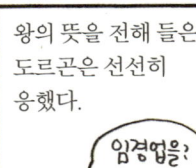

소경원
고양시 서삼릉 경역 내에 자리한 소현세자의 묘다.
정자각도 없고 석물도 초라한 소박한 모습으로, 처음에는 소현묘라고만 했다가 고종 때 소경원으로 격상되었다.

제5장

왕의 폭주

당당 소현세자

산성에 파천했을 땐

통곡하는 모습도 두어 번 보인다.
엉엉엉

그러나 자신이 감당할 바를 자각한 뒤로는 의연함을 잃지 않았다.
제가 성을 나가겠습니다.

인질로 잡혀온 항복한 나라의 세자.
어찌 보면 참 우스운 처지다.

청나라 측에서는 툭하면 외교적 현안들에 대해 세자에게 따져 묻고는 했다.
이게 어찌 된 일인지 설명해보세요.

그때마다 마치 오랫동안 외교 훈련이라도 받은 듯이 능숙하게 대응하곤 했다.

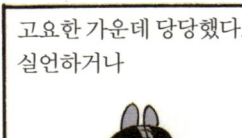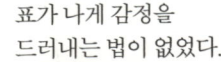

커져가는 의심

말은 그렇게 했지만 왕은 크게 염려되었다. 항복 조약의 한 구절이 뚜렷하게 떠올랐기 때문이다.

볼모 생활 3년 가까이 지난 인조 18년, 청은 세자에게 일시 귀국을 허락했다.

사신으로 갔던 이경헌이 청한 데 따른 것이었는데

화가 난 왕은 이경헌에게 곤장을 쳐서 유배를 보내버렸다.

공식 환영단은 없었지만, 벽제에서 대궐 앞까지 백성이 거리를 가득 메워 눈물로 세자를 맞아주었다.

나라를 망하게 하고, 백성을 도탄에 빠트린 원망이야 왕에게로 향했겠지만

아비의 죄업으로 고생하는 세자에 대해선 동정이 앞섰던 것이다.

그러나 이때만 해도 왕은 같이 눈물을 흘려주었다.

인조 21년 강석기가 죽었다. 세자빈의 아비로 정승을 지냈지만, 축재나 세도를 하지 않아 인망이 높았던 인물.

그해 10월, 통사로 온 정명수가 조만간 세자를 돌려보낼 것 같다는 말을 했다.

정명수가 잘못 전했는지, 왕이 잘못 들었는지 영구 귀국으로 받아들여졌던 모양.

세자에 대한 의구심이 급격히 커졌음을 보여주는 대목이다.

한편 심양에서 임시 귀국을 통보받은 세자,

청은 또 원손을 비롯한 세자의 자식들과 교환할 것을 요구했고, 이들 부모와 자식들은 중도에서 잠깐 눈물의 상봉을 했다.

백성은 또다시 거리를 가득 메워 세자의 귀환을 환영했다.

그런데 세자가 머물렀던 한 달 동안 왕이 세자를 만나보았다는 기록이 보이지 않는다.

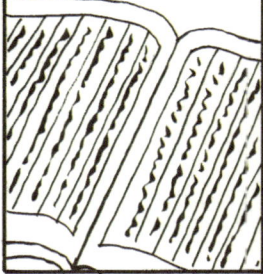

대신 황당한 기록이 있으니, 삼정승이 청했다.

제5장 왕의 폭주 175

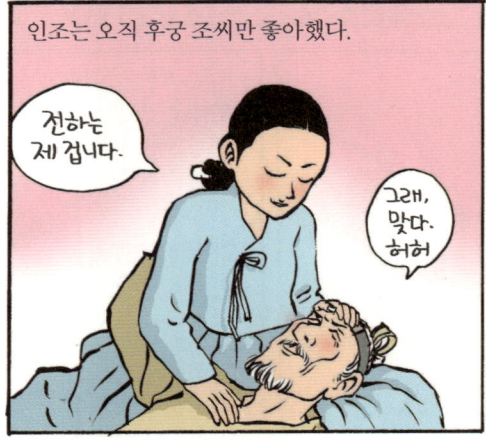

마침내 북경을 접수한다. 숭정제의 자살과 함께 명 왕조는 종말을 고했다.

이때 산해관을 지키던 오삼계 휘하의 50만 대군이 이자성을 치러 내려오고 있었다.

그런데 북경에서 새 정권이 들어서자 각지에서 이를 따르는 분위기였고

이에 오삼계도 마음을 돌려 이자성을 따르려던 차였다 한다.

그런데 이자성군이, 그것도 이자성의 부하 중 무도하다고 소문난 자가 오삼계의 아비와 애첩을 끌고 갔다는 전갈이 왔다.

아아! 사내 대장부로 태어나 내 여자 하나 지키지 못한 위인이 되고 말았구나!

아! 내 사랑!

오삼계는 결국 이자성과 싸우기로 결심한다.

그런데 이때 동북쪽에서는 청나라 대군이 산해관을 향해 몰아닥치고 있었다.

의문의 죽음

세자는 돌아온 두어 달 뒤 병에 걸렸다.

학질이옵니다.

왕이 어의 이형익을 시켜 침을 놓게 했는데

사흘 뒤인 4월 26일 창경궁 환경당에서 숨을 거두고 만다.

저하!!!

기묘하게도 귀국 뒤 병이 났을 때까지의 세자 관련 기사는 귀국 다음 날 대제학 이식이 지은 환영 교서를 반포했다는 것뿐이다.

딸랑 이거?

왕이 세자를 불러 지난 노고를 위로했다는 기록도

혹은 환영 연회를 베풀었다는 기사도 없다.

제5장 왕의 폭주 183

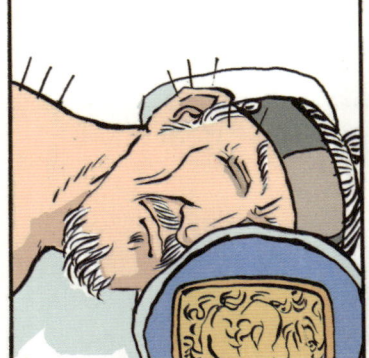

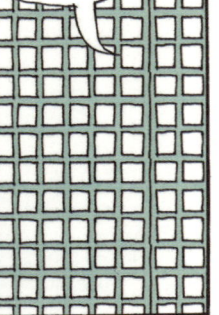

왕의 뜻도 신하들의 생각도 모두 확고해 좁혀지지 않는데

김자점과 김류가 나서서 왕의 뜻에 영합하는 발언을 한다.

이 일은 성상께서 깊고 원대한 생각 아래 제기하신 것이니 속히 결정하셔야지 우물쭈물해선 아니 되옵니다.

가령 양녕처럼 문제라도…

원손은 아직 어려 덕망을 잃은 것이 없사옵니다.

원손은 자질이 밝지 못해 결코 나라를 감당할 재목이 아니오.

진강할 때 보니 원손의 재기가 드러남을 볼 수 있었나이다.

한갓 그의 현명함만을 말하는 것이 아니오. 나이를 가지고 또한 말하는 것이오.

벌컥

왕이 너무도 완강하니 신하들이 차츰 꼬리를 뺀다.

때에 따라선 상도를 벗어날 수도…

성상께서 결단하소서!

5개월의 북경 생활 중 세자는 서양 문물도 접하고, 선교사 아담 샬과도 만나 교제했다 한다.

그의 죽음으로 조선은 세상에 눈을 뜰 기회를 잃었다고 오늘 아쉬워한다.
개화가 20여 년은 빠를 수도 있었는데…

그러나 인조의 사랑을 받고 무난히 왕위를 이었다 해도 쉽지는 않았을 것이다.
잘 아시겠지만

사대부들의 바다에 고립되었던 광해군을 생각해보자.
조선은

그렇듯 사대부들의 조선 지배는 공고했다.
저희 사대부의 나라가 아니겠습니까?

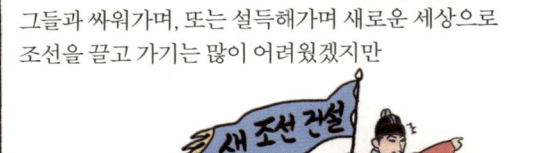
그들과 싸워가며, 또는 설득해가며 새로운 세상으로 조선을 끌고 가기는 많이 어려웠겠지만

새 조선 건설

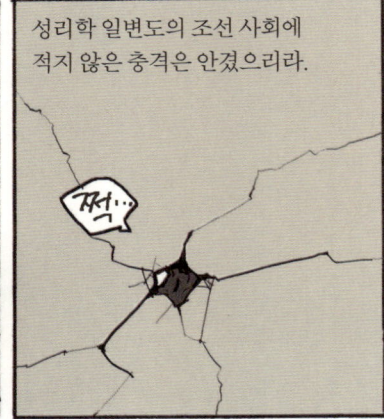
성리학 일변도의 조선 사회에 적지 않은 충격은 안겼으리라.
쩍…

잔혹 인조

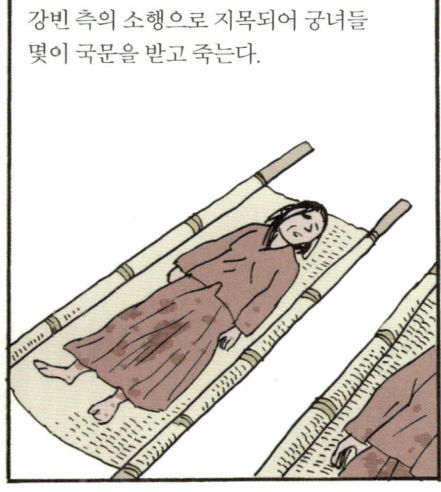

얼마나 막무가내의 비논리적인 글인지 보자.

이에 대해 사관은 시종들이 세자를 동전(東殿), 세자빈을 빈전(嬪殿)으로 불렀으며, 그것도 세자 내외가 시켜서 한 것이 아니라고 말한다.

강빈이 심양에 있을 때 은밀히 왕위를 바꾸려 도모하면서 미리 홍금적의(붉은 비단으로 만든 왕비의 예복)를 만들어 놓고 내전의 칭호를 외람되이 사용했으며

남편을 잃어 슬픔에 빠진 그녀를 위로는 못할망정 시녀들을 잡아다 죽이는데 이 정도 항의도 못할까?

후원 별장에 감금하고서 이것이 말이 되나?

지난해 가을엔 매우 가까운 곳에 와서 분한 마음으로 시끄럽게 성내는가 하면

사람을 보내 문안하는 예까지 폐한 지 여러 날 되었다.

이런 짓이라 할 것도 없다.

전혀 근거 없는 논리의 비약.

이런 짓을 하는데 무슨 짓인들 못하겠는가?

이로써 헤아려보면 흉한 물건을 파묻고 독을 넣은 것도 모두 다른 사람이 한 것이 아니다.

근거 없는 추측을 아예 사실로 단정하고 있다.

예로부터 난신적자가 많았지만 이 역적처럼 극심한 자는 없었다.

군부를 해치려는 자는 천지 사이에 하루도 목숨을 부지하게 할 수 없으니 해당 부서로 하여금 조율해 처리하도록 하라.

논술, 이렇게 쓰면 망합니다.

이에 대해 단지 몇몇만 내용상의 문제를 제기했을 뿐

홍금적의 일은 부인의 성품에 비단이 탐이 나 그런 것이 아니올는지요? 시역이라 함은 이를 데 없이 큰 죄인데 짐작으로 단정해서야 되겠나이까?

대신들은 단지 왕에게 선처를 청하는 방향으로 대응하고 만다.

깊이 생각하시어 은혜와 의리 모두 온전하게 하소서.

은혜를....

뭐야? 그럼 비망기의 내용은 기정 사실이 돼버리잖아.

＊시역(弑逆): 부모나 임금을 죽임.

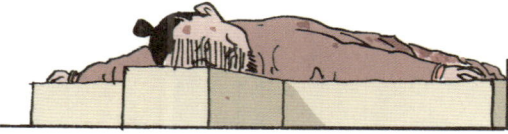

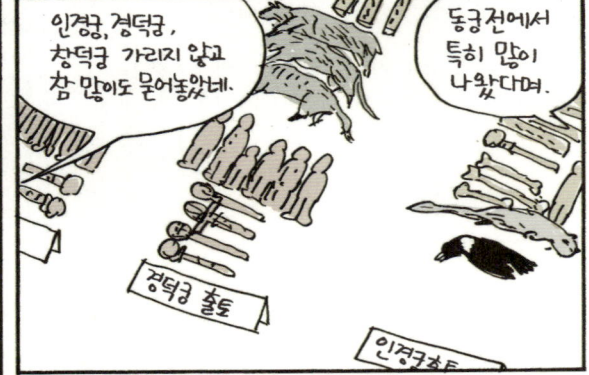

공교롭게도 얼마 안 있어 두 아이가 죽어나간 것이다.

유배될 때 네 살이었던 셋째 석견은

효종 즉위 후 교동으로 이배되고

효종 갈년에 풀려나 경안군에 봉해졌다가 현종 6년에 22세를 일기로 숨을 거두었다.

비운의 세자빈 강씨는 강적, 역강으로 불리다 숙종 때에 이르러서야 신원되었다.

무엇을 하였는가

인조 27년 2월, 왕은 원손을 세손에 책봉하더니 (이가 곧 뒷날의 현종이다.)

이것으로 내가 벌인 일은 마무리한 셈이지. 보아라. 조종의 적통은 세자로, 세손으로 이어진다.

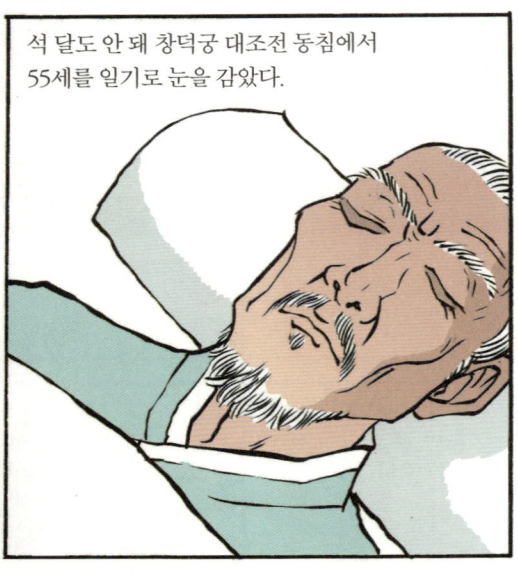

석 달도 안 돼 창덕궁 대조전 동침에서 55세를 일기로 눈을 감았다.

영광은 없이 오욕으로 얼룩진 26년 5개월의 세월이었다.

반정을 주도했을 만큼 나름의 리더십도 있었고

잘 해보리라는 다짐도 있었다.

무엇이 문제였던가?

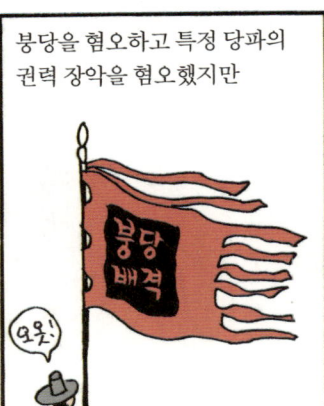

방어에 철저히 무능을
드러내 쫓겨났던 김자점은

봉림을 세자로 세우는 데 동조하고,
강빈 사사에 동의함으로써 인조 말년에
최고의 총애를 누렸다.

늘 그런 식이었다.

그는 또한 아무도 믿지 못했다.
가령 최명길을 보자.

자청하여 적진에 들어가 협상하며
시간을 끌어 산성으로 무사히
탈출할 수 있게 해주었고

이후로도 나라와 임금을
위해 자신을 돌보지
않았다.

그런데 그가
청나라로 압송될
때 왕은 잘못된
정보를 전해
듣고는

바로 이런 명을 내렸다.

하지만 최명길은 자신이 모든 걸
책임짐으로써 문제의 확산을
막았다.

북경으로 천도한 이후 조선에 대한 청의 간섭은 크게 줄어들었다.

그에 따라 왕은 그 어느 때보다도 막강한 권력을 행사했으니, 봉림을 세자로 세울 때나 강빈 사사 때의 독단을 보라.

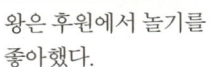

왕은 후원에서 놀기를 좋아했다.

누각과 연못을 근사하게 꾸미고 시녀들로 하여금 가마를 메게 했다.

재위기간을 통틀어 왕이 신뢰했던 단 한 사람인 귀인 조씨가 사실상 대궐의 안주인이었다.

세자를 죽게 하고
(교사 또는 방조)

며느리를 죽였으며

어린 친손자를 둘이나 죽게 하는 등 '패륜'에 서도 광해군에게 밀리지 않는다.

밀리긴? 나보다 더하구먼. YOU WIN!

그런 왕에게 신하들은 묘호를 인조라고 지어 올렸다.

仁祖

도무지 어울리지 않는 이름. 어쩌면 그의 잔혹함을 조롱하기 위해 신하들이 택한 역설은 아닐까?

아주 못생긴 사람 이름이 미남이면 얼굴을 한 번 더 보게 되지 않겠어

인, 인, 사람 인, 어질 인. 어질…… 오우! 어지…… 럽구나아

담배 이야기

우리나라 사람이 몰래 남령초(담배)를 심양에 들여보냈다가
청나라 장수에게 발각되어 크게 힐책을 당했다.
남령초는 일본에서 생산되는 풀인데 그 잎이 큰 것은 7, 8촌쯤 된다.
가늘게 썰어 대나무 통에 담거나 혹은 은이나 주석으로 통을 만들어
담아 불을 붙여 빨아들이는데 맛은 쓰고 맵다. 가래를 치료하고 소화를
시킨다고 하는데 오래 피우면 가끔 간의 기운을 손상시켜 눈을 어둡게 한다.
이 풀은 병진. 정사년(1616~1617)부터 바다 건너 들어와 피우는
자가 있었으나 많지 않았는데 신유, 임술년(1621~1622) 이래로는
피우지 않는 사람이 없어 손님을 대하면 번번이 차와 술을 남령초로
대신하기 때문에 혹은 연다(煙茶)라고 하고 혹은 연주(煙酒)라고도
하였고 심지어는 종자를 받아 서로 교역까지 하였다.
오래 피운 자가 유해 무익한 것을 알고 끊으려고 해도 끝내
끊지 못하니 세상에서 요망한 풀이라 일컬었다.
심양으로 전해지자 심양 사람들도 또한 매우
좋아했는데 오랑캐 한(汗)은 토산물이 아니어서
재물을 소모시킨다며 명을 내려
엄금했다고 한다.

《인조실록》中
인조 16년 8월 4일

작가 후기

　　필자의 손을 떠난 원고는 편집자의 손으로 넘어간다. 필자로서는 최초의 독자인 그의 반응이 적잖이 신경 쓰이게 마련이다. 그동안에는 항상 재미있다고 말해주어서 비록 그것이 의례적인 인사치레라 하더라도 적이 안심이 되었는데, 이번에는 책임자의 위치에 있는 편집자가 내용이 다소 아쉽다는 반응을 보였다. 쇄아아~!(온몸에서 기운이 빠져나가는 소리) 간신히 마음을 추스르고 이유를 들어보니 대략 두 가지였다.

　　하나는 조선이 병자호란을 겪고도 거의 300년이나 더 존속한 것은 그만한 저력이 있었기 때문일 텐데, 원고에는 그런 저력은 보이지 않은 채 무기력함만이 가득하더라는 것이었다. 하긴 임진왜란 때도 조정은 비록 무능하고 한심했지만, 이순신 같은 불세출의 영웅이 나오고 곳곳에서 의병이 일어나 싸우는 등 조선이 결코 만만찮은 나라임을 보여주었던 게 사실이다.

　　그러나 어쩌랴, 인조조에서는 그런 움직임이 별로 포착되지 않았다. 없는 걸 만들어낼 수도 없고, 미약한 것을 과장하여 치장해서도 안 될 일이다. 있는 그대로 담담하게 그리는 것이 내 방식이고 원칙인 만큼 이 문제와 관련해서는 달리 어떻게 할 방법이 없다고 할밖에.

　　또 하나는 글이 더 많아진 것 같아서 독자들이 지레 질리지나 않을까 걱정된다는 의견이었다. 다른 데서도 같은 이야기를 들은 바가 있어서 심각하게 고민이 되었다. 이 작업은 방대한 《실록》의 사건들 가운데 독자들에게 그나마 익숙하거나 필자가 특별히 알리고 싶은 사건들을 추려서 요약하고 다듬어 보여주는 일이다. 작업을 해오다 보니 어느 순간부터 가급적이면 더 많은 이야기를, 이왕이면 더 생생하게 전해줘야겠다는 욕심이 커진 모양이다. 그래서 외교문서나 상소문, 또는 어전에서의 발언을 《실록》의 기록 그대로 옮기는 경우가 늘어났다. 독자들의 입장

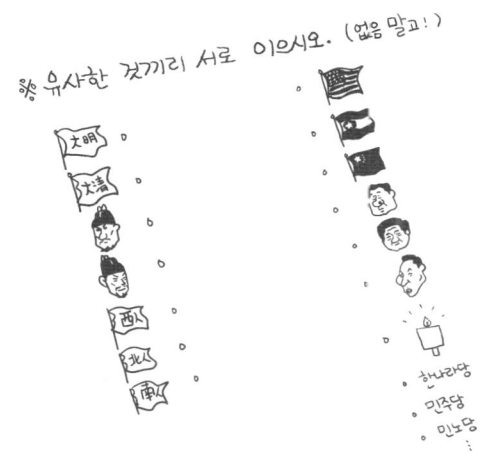

에서는 아무래도 책장을 넘기기 버거울 수 있겠다.

역사만화인 만큼 역사와 만화가 균형을 이루어야겠는데 최근에 역사 쪽으로 너무 쏠린 건 아닌지 더 많이 생각해봐야겠다.

굳이 연결시키려 하지 않아도 광해군과 인조로 이어지는 시기는 최근의 현실과 많이 닮아 있다. 현재의 나라나 인물 들을 청나라, 명나라, 광해군 인조 등과 연결시켜보는 것도 재미있을 성싶다. 하지만 촛불에 짝할 수 있는 항목은 아무리 찾아보려 해도 찾을 길이 없다. 당시에도 촛불이나 그에 상응하는 힘이 있었다면 인조-서인정권이 적어도 같은 실패를 반복하지는 않았을 텐데…….

《인조실록》 연표

1623 인조 1년
3.13 반정을 일으켜 즉위하다.
3.14 광해군을 군으로 봉하다.
3.16 이원익을 불러 영의정으로 삼다.
3.19 이이첨과 그의 아들들, 정조, 윤인 등을 복주하다.
3.25 반정에 공이 있는 유생 심기원, 김자점 등에게 6품직을 제수하다.
4. 4 유희분, 유희발 등을 복주하다.
4.11 조강에서 이귀가 이이와 성혼을 변호하며 군자의 당을 언급하자 군자의 당이라 해도 당이란 용어는 온당치 않다고 하다. 왕대비가 대신들에게 하유해 광해군의 36가지 죄목을 나열하다.
4.23 명나라 장수 모문룡의 차관을 접견해 천조와 협력해 오랑캐를 토벌하겠다고 하다.
4.29 양사의 합계에 따라 폐모론에 관계된 수십 명을 유배하고 삭탈관직하다.
5. 3 선조 및 친부에 대한 관계 설정에 대해 예조와 김장생이 의견을 달리하다.
5.22 폐세자 이지가 땅굴을 파서 도망가다 붙잡히고 폐세자빈은 자결하다.
5.29 박지계, 김장생, 장현광을 위해 성균관 사업(司業)을 신설한 뒤 임명하다.
6.25 폐세자에게 죽음을 내리다.
7.27 유응형, 유응시 등이 변란을 고하다.
9.23 삼도에 대동청을 설치하고 낭청 4인을 두어 대동법을 담당토록 하다.
10. 1 이시언이 역모를 고변하다.
윤 10.18 반정에 공을 세운 김류, 이귀 등을 공신으로 책봉하다.

1624 인조 2년
1.17 이괄 등이 난을 도모한다는 고변이 있다.
1.24 이괄이 아들을 잡으러 온 의금부 도사를 죽이고 군사를 일으키다.
1.25 관련자로 거론된 기자헌에게 사약을 내리고 이시언, 성준길 등 37인을 참하다.
2. 4 정충신, 남이흥이 황주에서 대패하다.
2. 7 관군이 마탄에서 대패하다.
2. 8 피란길에 오르다.
2. 9 흥안군 이제가 강을 건너 적중으로 들어가다.
2.10 이경직을 청세사로 삼아 구원을 청하려다 그만두다.
2.11 정충신 등이 이끄는 관군이 안현에서 크게 이기다.
2.15 이괄, 한명련 등의 부하 장수들이 그들의 목을 베다.
2.16 이괄에 의해 왕으로 봉해졌던 흥안군을 심기원, 신경진이 장만과 상의해 목매 죽이다.
3. 8 장만, 정충신, 남이흥 등을 진무공신에 봉하다.
4. 9 사헌부가 아뢰어 군신 모두 융복을 벗다.
8. 9 주강에서 붕당의 발생과 그 이후 과정에 대해 정엽이 논하다.
11. 8 박홍구와 그의 자식들을 중심으로 한 역모 사건이 드러나다.
12. 6 신하들이 거듭 대동법의 철폐를 청하다.

1625 인조 3년
2. 7 이원익도 대동법의 철폐에 동의하고 비변사도 건의하자 강원도를 제외한 지역에서 철폐하다.
2.23 각종 역모 사건에서 거론된 인성군을 이공을 중도안치하다.
6. 3 명나라 칙사가 즉위를 추인하는 책봉서를 가지고 오다.
6.23 이서의 계책에 따라 남한산성에 행궁을 짓게 하다.
7.12 조강에서 이귀가 이원익, 김류 등을 힐난하자 파직하다.
11.13 서얼 허통에 대해 논의한 끝에 양출(서자)은 손자에 이르러, 천출(얼자)은 증손에 이르러 허통키로 하다.

1626 인조 4년
1.14 인조의 친모가 죽다. 왕이 3년상을 하겠다고 하자 신하들이 맹렬히 반대해 기년상을 수용하다.
1.22 반정의 두 축인 김류와 이귀를 이조 판서, 병조 판서에 각각 제수하다.
4. 4 명나라 병부가 무원에 보낸 자문을 통해 모문룡이 터무니없는 과장, 거짓 보고를 일삼아왔음이 확인되다.
5.18 신하들이 졸곡제 이하 여러 상례를 반대했지만 직접 행하다.
7.22 남한산성이 완성되다.
10.24 후금의 누르하치가 죽고 홍타이지가 계승했으며, 먼저 강동(조선)을 쳐서 우환을 없앤 뒤 산해관을 치겠다고 말했다고 명나라 장수 서고신이 전하다.

1627 인조 5년
1.17 후금 군대가 쳐들어와 곧 안주에 이를 것 같다는 급보가 들어오다.
1.19 나라를 잘 다스리지 못했음을 반성하고 새롭게 백성을 위한 정치를 하겠노라는 애통 교서를 반포하다.
1.21 능한산성이 함락되었다는 보고에 분조를 준비케 하다.
1.22 후금 장수가 서신을 보내오자 답서를 할 것인지를 논하다.
1.24 왕세자가 분조의 명을 받고 출발하다. 평양이 함락되었다는 보고가 오다.
1.26 강화도로 파천하다.
2. 2 후금의 사신이 갑곶에 와서 명나라와의

단교와 형제관계를 맺자고 제의하다. 이에 명과의 단교는 대의와 관계된 것이니 결코 허락할 수 없다고 하다.
2.5 후금 진영에 사신을 보내 이웃나라와의 교제와 대국을 섬기는 것을 동시에 할 수 있다고 하다.
2.9 후금 사신 유해가 강홍립, 박난영과 함께 오자 만나기로 하다.
2.10 왕세자가 전주에 이르다. 왕이 강홍립, 박난영을 만나 후금의 정황을 묻다.
2.14 명과 단절하지 않아도 좋다는 후금의 수정 제안에 화의 논의가 급진전하다.
2.15 유해가 연미정에서 조선과 화친했음을 서약하다.
2.21 후금 장수 이왕자가 화친을 약속하는 조선의 국서에 명나라 연호를 썼다며 재결하지 않다. 유해가 타협책으로 연월을 쓰지 않은 개첩으로 할 것을 제의해 수용하다.
3.2 유해가 다시 자신들 방식으로 백마와 흑우를 잡아 천지신명께 맹세하는 서약식을 요구하다.
3.3 대신이 왕을 대신해 희생을 잡기로 수정하여 맹세식을 갖다. 이왕자에게 포로를 풀어줄 것과 무력 사용의 금지를 요청하다.
3.23 왕세자가 전주에서 돌아오다.
4.1 명나라에 후금과 화친하게 된 연유를 상세히 적어 고하다.
4.12 경덕궁으로 돌아오다.
4.19 명나라 장수 모문룡이 정주 일대의 피란민들을 학살, 약탈했다는 김기종의 보고가 있다.
5.25 용골성 주변과 의주 일대에 후금군이 아직도 다수가 주둔 중이고, 도망쳐 들어오는 조선 사람들이 한인들에게 살해되는 일이 잦다는 보고가 있다.
5.28 원창군 이구가 돌아오니 만나다. 의주 후금군이 철수하지 않는 이유를 묻자 모문룡의 군대 때문이라고 답하다.
5.29 후금의 사신 유해, 용골대가 도망자 쇄환을 요구하는 홍타이지의 글을 가지고 오다.
7.27 강홍립이 졸하다.
9.4 모문룡의 군사가 상륙해 경작하는 것을 후금이 문제 삼다.
9.29 강석기의 딸을 세자빈으로 삼다.
10.25 지난 7월에 명나라의 천계제가 죽고 숭정제가 승계했다고 김기종이 급히 보고하다.

1628 인조 6년

1.3 허유, 유효립의 역모 사건이 발생하다. 광해군과도 연계했음이 드러나다.
2.11 머리에 빗질도 않고 식사도 잘 안 하고 통곡하며 보낸다는 광해군의 동정이 보고되다. 명나라에서 위충현 일당이 적몰되었다는 보고가 있다.
3.8 이귀가 인조의 아버지 묘의 지위를 높이자고 청하다.
3.21 모문룡이 후금에 화친을 청하는 서신을 보내다.
5.14 신하들의 거듭된 청에 따라 인성군을 자결케 하다.
10.15 회답사로 후금에 갔던 정문익, 박난영이 명과 후금 사이에서 이중첩자 노릇을 한 유해가 화형에 처해졌다고 보고하다.
12.24 경덕궁 서편에 어영청을 세우고 용맹한 이를 뽑아 어영군으로 삼다.

1629 인조 7년

2.9 어전에서 이귀가 김류를 공박하며 노려보고 소리를 지르다.
3.9 모문룡의 군대가 상륙해 경작하는 일로 홍타이지가 서신을 보내 항의하다.
4.11 홍타이지가 모문룡 군대의 상륙 허용과 도망간 조선인 방치, 회령 개시에서 교역에 적극적이지 않은 일 등을 거론하는 협박성 글을 보내오다.
윤 4.12 이귀가 이이와 성혼에게 선조가 했던 말(나도 이이와 성혼의 당에 들어가고 싶다.)을 소개하자 당이란 글자는 주자의 말이라 해도 듣고 싶지 않다고 답하다.
6.30 모문룡이 금주성으로 갔다가 원숭환에게 참수되었다는 급보가 있다.
7.26 명나라 경략 원숭환이 글을 보내 모문룡의 죄악들을 설명하고 잘 준비했다가 후금을 협공하자고 하다.
9.6 모든 역량을 동원해 황은에 보답하고 나라의 치욕을 씻겠다고 원숭환에게 답하다.

1630 인조 8년

2.3 후금이 명을 침범했다는 소식에 군사를 뽑아 황명을 기다리자고 말하다.
4.8 충성심과 청백한 절조가 비할 데 없어 이원익을 존경한다고 말하다.
4.19 가도에서 명나라 장수 유흥치가 난을 일으켜 부총병 진계성을 살해하다.
4.21 유흥치를 토벌하겠다는 뜻을 밝히다.
7.23 유흥치를 토벌하기 위해 편성했던 서정군을 해체하다.
8.19 이귀가 주강에서 정원대원군의 추숭을 거론하다.
10.28 이귀가 정원대원군을 종묘에 모실 것을 청하다.
12.25 거듭해서 추숭을 거론하는 이귀를 파직할 것을 간원들이 청하다.

1631 인조 9년

3. 5 후금의 홍타이지가 조선에서 보낸 예물을 돌려보내다.
3.21 가도의 유흥치가 모반하려다 장도, 심세괴 등에게 당하다.
4.20 신하들 대부분이 정원대원군 추숭을 반대하자 명나라에 주청하겠다고 하다.
4.24 추숭 주청을 강력히 반대한 응교 이행원 등을 삭탈관직하고 유배하다.
4.30 주강 후 이귀가 주먹으로 바닥을 내리치며 추숭을 반대하는 좌우를 꾸짖다.
7.12 진주사 정두원이 천리경, 서포, 자명종, 염초화 등을 가져와 바치다.
8. 9 김장생이 졸하다.
11. 4 가도의 명나라 도독 황룡이 탐욕을 부려 군병을 일으키다.
11.28 조선이 격문을 보내 가도의 난을 힐난하니 대중이 양곡이 끊길 것을 두려워해 난을 일으킨 경중유, 왕응원 등을 목 베고 황룡을 석방하다.

1632 인조 10년

2.25 추숭도감을 설치하다.
5. 2 추숭하고 책보를 올리는 예를 거행하다.
5. 4 능원군, 능창군을 대군으로 봉하다.
6.28 소성대비(인목왕후)가 승하하다.
9.17 무역, 성 수축과 관련한 홍타이지의 강경한 서한이 전달되다.
12.24 예물을 점점 줄여 박하게 한다며, 그럴 거면 보내지 말라고 홍타이지가 서한을 보내다.

1633 인조 11년

1.25 후금의 심양으로 간 사신 신득연이 예물을 전하지 못하고 협박성 글만 받아오다.
2. 2 인조가 분개해 국교 단절을 각오한 듯한 답서를 준비하다.
2. 6 인조의 답서에 대해 최명길만 상소해 원한을 사서 화를 재촉함은 올바른 계책이 아니라고 하다.
2.11 도원수 김시양, 부원수 정충신이 국서를 지닌 김대건을 머무르게 하고 국서 수정을 건의하다. 이에 국서는 수정되되 김시양과 정충신은 잡아오게 하다.
2.12 김자점을 도원수, 윤숙을 부원수로 삼다.
2.15 이귀가 졸하다.
3. 6 왕(조선)이 변심한 것을 조목조목 거론한 홍타이지의 답서가 전달되다.
3.17 비변사가 홍타이지의 뜻은 패물 증가에 있다고 말하고 패물을 늘려 보내기로 하다.
6.16 새로 보낸 패물에 대해 홍타이지가 부족하지만 허락한다는 뜻의 글을 보내오다.
7.25 창경궁의 수리가 끝나자 이어하다.
8. 5 후금에 투항한 명 장수 공유덕이 후금군을 이끌고 여순을 기습해 황룡을 살해하니 가도의 인민이 불안해하다.
12.25 수찬청의 건의에 따라 《광해군일기》를 인쇄가 아닌 정서로 하기로 하다.

1634 인조 12년

1.29 이원익이 졸하다.
5.17 찬수청에서 《광해군일기》의 완성을 아뢰다.

1635 인조 13년

7.14 상평청이 화폐 사용의 확대를 위한 실천 조항을 마련해 아뢰다.
12. 5 대군이 태어나자마자 죽다.
12. 9 인열왕후가 산실청에서 승하하다.
12.30 홍타이지가 그동안 조선이 위반한 사례들을 조목조목 들어 항의하는 국서를 보내오다.

1636 인조 14년

2. 4 후금에 폐백을 더 보내다.
2.16 후금의 용골대와 마부대 등이 몽고 왕자 등을 데리고 오다.
2.24 용골대 일행이 서울에 와서 홍타이지의 글과 홍타이지의 황제 등극을 권유하자는 집정 대신들의 글, 몽고 추장들의 글을 내놓자 수령을 거부하다.
2.25 태학생 김수홍 등이 후금 사신을 참하고 글을 불살라 대의를 밝힐 것을 청하다.
2.26 용골대 등이 돌아가다. 돌아가는 길에 아이들이 돌을 던지기도 하다.
3. 1 정의로 결단해 후금의 글을 받지 않았다며 다함께 힘을 다해 난국을 헤쳐 나가자는 교서를 반포하다.
3.25 원손이 탄생하다.
4.11 홍타이지가 황제에 오르고 국호를 청으로 고치다.(이하 후금은 청으로, 홍타이지는 청 태종으로 표기함.)
5.26 우리는 수천 리 국토를 가지고 있는데 어째서 저들의 모욕을 받아야만 하는가라며 단호한 태도를 보이다.
6.17 청에 보내는 격서를 작성하다.
9. 5 최명길이 지난 10년을 지탱해온 것은 화친 덕이라고 아뢰다.
10. 1 수찬 오달제가 최명길의 죄를 논하는 소를 올리다.
11. 4 접반사 이필영이 급보를 보내 '겨울에 고려로 가려고 말을 먹이고 있다.'는 말을 청나라에서 도망쳐 나온 한인들에게 들었다고 전하다.
12. 4 박노를 사신으로 삼아 청나라 심양으로 보내다.
12.13 적병이 안주에 이르렀다고 김자점이

급보를 전하다.
12.14 적병이 이미 송도를 지났다는 개성 유수의 급보가 있다. 급히 파천하기로 하고 저녁에 숭례문에 이르렀는데, 적이 가까이 왔다는 보고를 접하다. 이에 최명길이 적진으로 가서 화친을 청하며 시간을 끄는 사이 남한산성으로 들어가다.
12.15 김류의 건의에 따라 강화로 들어가려고 성을 나왔으나 눈보라가 심해 돌아오다.
12.16 성첩을 순시하고 사졸을 위로하다.
12.17 예조 판서 김상헌이 화의의 부당함을 말하다.
12.20 납서를 도원수 등에게 보내 들어와 구원하라 명하다.
12.27 술과 고기를 들고 적진에 갔다가 적장으로부터 망신만 당하다.

1637 인조 15년
1. 1 백관을 거느리고 명나라 황실을 향해 망궐례를 행하다. 청 태종이 도착해 탄천에 진을 치고 성에 올라 남한산성 안을 내려다보다.
1. 2 적진에 갔던 홍서봉 등이 항거하는 자는 반드시 죽이고 순종하는 자는 반드시 받아들일 것이란 청 태종의 글을 받아가지고 오다.
1. 4 청에 보내는 답서를 작성한 최명길을 치죄할 것을 윤집이 청하다.
1.17 청 태종이 살고 싶으면 성에서 나와 귀순하라는 글을 보내다.
1.18 최명길이 답서를 쓰자 김상헌이 찢어버리고 눈물로 화친 반대의 뜻을 아뢰다.
1.20 청이 글을 보내 성을 나와 대면해야 하는 이유를 적시하고 척화신을 묶어 보낼

것을 요구하다.
1.22 강화도가 함락되다.
1.25 청 장수 용골대와 마부대가 최후통첩을 보내오다.
1.26 강화도의 함락 소식을 접하다.
1.28 청 태종이 명나라와 단교하고 왕세자 등을 인질로 보내라는 등 사실상의 항복 조약을 보내다.
1.29 윤집과 오달제를 불러 위로하다. 이어 최명길이 둘을 데리고 청 진영에 가다.
1.30 성을 나가 삼배구고두를 행한 뒤 창경궁으로 돌아오다.
2. 2 철군하는 청 태종을 전송하다.
2. 5 왕세자가 하직을 고하고 떠나다.
2.19 애통 교서를 반포하다.
3. 5 홍익한이 졸하다.
4.14 조·청 연합군에 가도가 함락되다.
4.19 윤집과 오달제가 졸하다.
6. 8 삼학사의 죽음이 전해지다.
10.28 김상용의 죽음에 대해 (그의 절개를) 못미더워하다.
11.25 청 사신이 향화인 쇄환 등 5개항을 요구하다.

1638 인조 16년
2. 8 삼전도의 비문으로 장유, 이경석의 글을 청에 보내니 이경석의 글을 고쳐 지으라고 요구하다.
3.11 포로로 잡혀갔다 돌아온 부녀자들의 이혼 문제가 논의되다.
7.24 징병 요구에 조선의 사정을 들며 주저하자 이를 문제 삼은 청 태종의 서찰이 오다.
8. 1 김상헌에 대해 못마땅한 기색을 드러내다.
8.23 임경업이 선발대 300명을 거느리고

구련성에 도착하다. 사람을 몰래 명나라에 보내 어쩔 수 없이 군대를 보냈음을 알리다.
12. 4 가례를 행하고 장렬왕후를 계비로 맞아들이다.

1639 인조 17년
7.14 조선의 왕이 성에서 나왔을 때 왕세자를 대신 왕으로 세우지 않은 것을 후회한다고 청나라 범문정이 말했다고 심양에 머물던 박황이 아뢰다.
7.28 삼전도 비문을 탁본해 심양으로 보내다.
8.22 한선이 출몰한다고 임경업이 보고하다.
9.13 왕을 저주하는 옥사를 다스린 뒤 창덕궁으로 이어하다.
10.29 경상 감사가 대동법을 실시해줄 것을 요청하니 허락하다.
11.25 청이 수군 6,000명을 파병할 것을 요구하다.

1640 인조 18년
1.18 남한산성, 평양성의 축성을 질책하고 왕세자를 잠시 귀성시키는 대신 다른 대군과 원손을 보낼 것을 요구하는 청나라 칙서가 오다.
윤 1. 9 원손과 대군 부부가 출발하다.
3. 7 왕세자가 서울로 오니 벽제에서 궐문까지 눈물의 인파가 가득하다.
4. 2 왕세자가 청나라로 돌아가다.
8. 4 원손이 돌아오다.
11. 1 용골대가 반청행위를 하는 자가 누구냐며 왕세자를 다그치자 왕세자가 자신은 일국의 왕세자라며 협박하지 말라고 꾸짖다.
11. 8 청이 김상헌을 보낼 것을 요구하다.
12.19 의주에 도착한 김상헌이 용골대를 만나 시종 당당한 태도를 보여주다.

1641 인조 19년

1.20 김상헌, 채이항, 조한영 등이 심양에서 문초를 받다.

7.10 광해군이 죽다.

8.24 조정이 승려 독보를 명에 보내 조선의 사정을 설명케 한 적이 있는데, 이때 명 칙서를 받고 돌아오다.

12.22 용골대가 왕세자에게 땅을 줄 테니 자급자족하라고 하다.

1642 인조 20년

3.18 명나라 금주의 조대수가 청에 항복했다는 정보가 있다.

10.12 용골대가 한선과의 교류를 다 안다며 최명길, 이현영, 이식, 임경업 등도 잡아올 것 요구하다.

11. 6 임경업이 승려로 변장하고 도주하다.

1643 인조 21년

4. 1 용골대가 최명길, 김상헌을 불러 용서하고 석방한다며 황제께 사례할 것을 요구했으나 김상헌은 허리가 아프다며 끝까지 응하지 않다.

6.13 왕세자의 장인 강석기가 졸하다.

9. 1 청 태종이 죽고 구왕(도르곤)이 장자가 아닌 아홉째(6세)를 황제로 앉혔다고 심양에서 문학 이진이 보고하다.

10.11 왕세자를 돌려보내겠다는 말이 정명수에게서 거론되었다는 소식에 왕이 의심을 보이다.

12. 7 왕세자 부부가 나오게 돼서 원손과 제손, 인평대군 부인이 심양으로 떠나다.

1644 인조 22년

1.20 왕세자 부부가 서울에 도착하다. 양철평에서 홍화문까지 인파로 가득하다.

2. 9 삼공이 왕세자빈으로 하여금 아버지의 빈소를 찾아보게 할 것을 청했으나 허락하지 않다.

2.19 왕세자 부부가 심양으로 돌아가다.

3.21 심기원의 모반 사건이 발생하다.

5. 7 봉림대군이 심양에서 돌아오다.

5.23 청이 북경을 장악한 전후를 왕세자가 친필로 보고하다.

6.18 왕세자 일행이 북경에서 다시 심양으로 가다.

7. 9 봉림대군이 심양으로 돌아가다.

8.29 평양의 진사 김연 등이 왕세자가 베푼 시험에 합격한 자에게 급제를 내려줄 것을 청하는 소를 올렸으나 승정원이 물리치다.

9. 6 빈객 임광이 청이 북경으로 천도했다고 보고하다.

12. 4 구왕이 왕세자를 불러 이제 조선으로 돌아가도 좋다는 것과 대신의 질자들, 최명길, 김상헌도 같이 데리고 가라고 했다는 보덕 서상리의 보고가 있다.

1645 인조 23년

1. 9 왕세자와 빈궁이 심양에 도착하다.

2.18 왕세자와 빈궁이 돌아오다.

2.23 최명길과 김상헌, 이경여가 돌아오다.

3. 8 김상헌이 상소하고 성문 밖에 머물며 기다렸으나 비답이 없자 교외로 물러가다.

4.23 왕세자가 병이 들자 어의가 학질로 진찰해 침을 놓다.

4.26 왕세자가 죽다.

4.27 양사가 어의 이형익의 국문을 청했으나 듣지 않다.

5. 6 필선 안시현이 원손으로 왕세손의 자리를 정할 것을 청하자 불쾌해하다.

5.14 봉림대군이 귀국하다.

5.20 송준길이 상소해 왕세자의 죽음은 사람의 과실로 인한 것이라는 점을 지적하고 다행히 원손이 있으니 김상헌으로 보도하게 할 것을 청하다.

6.19 왕세자를 장사 지내다.

6.27 왕세자의 졸곡제를 행하다. 소용 조씨가 민회빈 강씨를 모함했다는 것, 왕세자의 시신이 온통 검었고, 얼굴의 일곱 구멍에서 피가 흘렀다는 진술 수록.

윤 6. 2 대신과 육경 등을 불러 원손의 성장을 기다릴 수 없다며 신하들의 반대를 물리치고 봉림대군을 왕세자로 삼기로 하다.

윤 6. 4 봉림대군이 사양상소를 올리다.

8.20 저주 건으로 민회빈의 궁녀 두 명이 고문을 받고 죽다.

8.25 대신을 불러 민회빈이 분수를 모른다며 외방으로 쫓겠다는 뜻을 말하다.

8.26 특명으로 민회빈의 형제들을 원방유배하다.

9.27 봉림대군을 왕세자로 책봉하다.

10. 2 숙원 조씨를 소의로 삼다.

11. 2 풍병을 이유로 양사의 반대를 물리치고 중전을 경덕궁으로 내보내다.

12.18 한홍일이 북경에서 아담 샬이 새로 낸 책력을 사왔으나 원리를 알기 어렵다고 아뢰다.

12.28 청나라 사신이 왕세자 책봉 칙서를 가져오자 임경업의 소환을 요구하다.

1646 인조 24년

1. 3 전복구이에 독이 들었다며 민회빈을 의심하고 별당에 가두다. 아울러 수하들을 의금부에 회부해 다스리게 하자 9명이 자복하지 않고 죽다.

2. 3 대신들에게 비망기를 내려 민회빈의 행적들을 말하고 제거할 뜻을 보이다.

2. 7 모든 신하가 반대하는 가운데 김자점이 민회빈을 비난하며 영합하다.

3.14 민회빈 사사를 강력히 반대한 홍무적,

심로를 귀양 보내다.
3.15 민회빈을 검은 가마에 태워 선인문을
통해 사저로 내보낸 뒤 사사하다.
6. 3 청이 임경업을 보내오다.
6.17 임경업이 국문 중에 죽다.

1647 인조 25년
1. 1 관복과 품대의 제도를 복구하다.
4.25 소현세자의 궁인 신생이 곳곳에서 저주
물건들을 발굴하고 관련자를 문초하여
14명을 사형시키다. 이중 몇몇이 저주 사실을
시인하다.
5.13 소현세자의 세 아들을 유배하다.
5.17 최명길이 졸하다.
6.15 창덕궁을 수리하게 하다.

1648 인조 26년
9.16 소현세자의 장자 이석철이 죽다.
9.20 일관 송인룡을 청에 보내 시헌력의
산법을 배워오게 하다.
12.23 소현세자의 차자 이석린이 죽다.

1649 인조 27년
2.11 소의 조씨를 귀인에 봉하다.
2.18 인정전에서 원손을 왕세손에 봉하다.
3.17 소현세자의 삼남을 남해로 이배하게
하다.
5. 8 창덕궁 대조전 동침에서 승하하다. 향년
55세.

조선과 세계

조선사

1623	인조 즉위
1624	이괄의 난
1625	소현세자를 왕세자에 책봉
1626	전국에 호패법 시행
1627	정묘호란
1628	허유, 유효립의 역모 사건
1629	양경홍 역모 사건
1630	가도에서 유흥치가 난을 일으킴
1631	가도에서 황룡이 군병을 일으킴
1632	추숭도감 설치
1633	상평통보 사용 시작
1634	《광해군일기》 완성
1635	인열왕후 사망
1636	병자호란
1637	인조, 삼전도에서 청 태종에게 항복
1638	봉림대군, 청 황제의 서정에 따라감
1639	진휼청을 선혜청에 소속시킴
1640	김상헌, 심양으로 압송
1641	광해군, 유배지에서 사망
1642	임경업, 승려로 변장하고 도주
1643	인평대군, 심양으로 떠남
1644	소현세자, 심양에서 일시 귀국
1645	소현세자, 귀국 직후 사망
1646	인조, 강빈을 폐서인 하고 사사
1647	소현세자의 세 아들 제주도에 유배
1648	소현세자의 장자와 차자 사망
1649	인조 사망

세계사

- 영국, 서인도제도에 식민지 개척 시작
- 일본, 에스파냐 상선 내항 금지
- 후금, 심양에 도읍
- 후금, 누르하치 사망, 홍타이지(숭덕제) 즉위
- 무굴제국, 왕위계승전 일어남
- 영국, 찰스 1세에게 권리청원 승인
- 명, 모문룡 처형
- 이탈리아, 흑사병 창궐
- 명, 이자성의 난 발발
- 이탈리아, 갈릴레이, 지동설 주창
- 이탈리아, 갈릴레이, 종교재판에서 지동설 포기를 강요당함
- 명, 이자성의 반란군이 진주 함락
- 프랑스, 아카데미 프랑세즈 창설
- 후금, 국호를 청으로 개칭
- 일본, 시마바라의 난 발발
- 오스만튀르크, 이라크 합병
- 일본, 쇄국령 공표
- 일본, 내항한 포르투갈 선박 불태움
- 명, 이자성, 허난 함락하고 복왕 살해
- 영국, 청교도혁명
- 프랑스, 루이 14세 즉위
- 명 멸망, 청이 중국 지배
- 이자성 자살
- 청, 과거제 실시
- 영국, 찰스 1세 유폐
- 베스트팔렌조약
- 영국, 올리버 크롬웰, 찰스 1세 공식 처형

Summary
The Veritable Records of King Injo

Obsession Over duty to Ming Triggers Manchu War

Confucian officials within the government had resisted the neutral diplomacy advocated by Gwanghaegun. The fundamental justification of the coup d'etat that overthrew Gwanghaegun and put Injo in power was based on a "pro-Ming, anti-Qing" political stance.

The political situation surrounding Joseon shifted quickly, and Joseon was not prepared to adapt to the new regional reality. As Later Jin rose to power, they requested a brotherly relationship with Joseon. When Joseon rejected their offer, Later Jin mobilized thirty thousand soldiers and invaded. After the collapse of the Joseon capital, Injo relocated it to Ganghwado where he signed the Jeongmyo peace agreement, according to Choe Myeonggil's assertion to settle the matter.

Six years later, Later Jin, renamed Qing, demanded that Joseon become a tributary state to the Qing Empire. When Joseon refused, Qing invaded Joseon again in 1636, this time with a hundred thousand soldiers. This is known as the Second Manchu invasion of Korea. During the invasion, Injo managed to escape to Namhansan fortress, but two months later, he was forced to surrender and ratify the tributary relationship. Crown Prince Sohyeon and Prince Bongnim were sent along with the withdrawing army as hostages to Qing.

Crown Prince Sohyeon adapted well to being a hostage, so he acted as Joseon's diplomatic representative to Qing, efficiently representing his country and its interests. During this time, his political abilities were clearly apparent. However, just three days after Crown Prince Sohyeon was sent back to Joseon, he died. Many scholars believe Crown Prince Sohyeon was murdered by his father who had grown jealous of his son and viewed him as a political rival and enemy.

The Veritable Records of the Joseon Dynasty

In the Joseon Dynasty, there were always officials who followed and monitored the king. They slept in the room adjacent to where the king slept, and they attended every meeting the king held. The king could not go hunting or meet a person secretly without these officials being present.

Total of eight officials, relatively low-ranking ones whose grades ranged from Jeong 7th to Jeong 9th, were called 'Sagwan,' and in rotation they observed and recorded all the details of daily events that involved the king, things that the king said, and things that happened to him. The authority and confidentiality of these officials were guaranteed by the system, and their work was not to be intervened or interrupted by others. The drafts created by them were called 'Sacho.' Even the king was not allowed to read those drafts, and the compilation process only began after the king's death.

When the king passed away, the highest ranking governmental official would be appointed as the chief historical compiler. A research team would collect all the drafts and relevant supporting materials, select important records with historical significance, and organize them in a chronological order. The finished product was usually called 'Sillok,' which means veritable records.

These "Annals" were created under strict regulations and protocols. Total of five sets were published. One set was kept in the king's palace, and the rest of them were stored in special repositories located in remote mountains far from the capital, in order to avoid possible damages in a disaster. Although only four copies were made in the beginning, when three sets out of four were incinerated during the war with the Japanese in the 1590s, Joseon began to make five copies to prevent the same problem.

The Veritable Records of the Joseon Dynasty features a most magnificent scale, as it is a record of all the events that occurred over 472 years, from the reign of King Taejo to the reign of the 25th King Cheoljong (1392~1863). It consists of 1,893 volumes and 888 books (total of 64 million Chinese characters).

The Veritable Records of Joseon was allowed to be read in only special occasions. But if it was so, why did they put such a tremendous amount of effort into recording their own history? And why would such efforts have continued throughout the history of Joseon? The people of Joseon must have thought it was very important to live a life that would not be shameful to their own descendants.

Source: A Korean History for International Readers, Humanist, 2010.

세계기록유산, 《조선왕조실록》

《조선왕조실록》이란?

　《조선왕조실록》은 국보 제151호이자 유네스코 세계기록유산(1997년 지정)으로 조선 건국에서부터 철종까지 472년간을 편년체로 서술한 역사 기록물이다. 총 1,893권, 888책이며, 한글로 번역할 경우 300여 쪽의 단행본 400권을 훌쩍 넘는 분량이다. 철종 이후의 기록인 《고종실록》과 《순종실록》도 있으나 이것은 일본의 지배하에 편찬된 터라 통상 《조선왕조실록》으로 분류하지 않는다. 《단종실록》, 《연산군일기》, 《선조실록》, 《철종실록》처럼 기록이 부실한 경우도 있는데 정변이나 전쟁, 세도정치라는 시대 상황이 낳은 결과이다. 또한 《선조수정실록》, 《현종개수실록》, 《숙종실록보궐정오》, 《경종수정실록》처럼 뒷날에 집권한 당파의 요구에 의해 새로 편찬된 경우도 있다. 하지만 원본인 《선조실록》, 《현종실록》, 《숙종실록》, 《경종실록》을 폐기하지 않고 함께 보존함으로써 당대를 더욱 정확히 알게 해준다. 이렇듯 《조선왕조실록》은 그 기록의 풍부함과 엄정함에 더해 놀라운 기록 보존 정신까지 보여주는 우리 선조들의 위대한 유산이다.

《조선왕조실록》은 어떻게 기록되었나?

　조선은 왕이 사관이 없는 자리에서 관리를 만나는 것을 엄격히 금지했다. 또한 왕은 원칙적으로 사관의 기록(사초)을 볼 수 없었다. 신하들도 마찬가지여서 실록청 담당관을 제외하고는 누구도 볼 수 없었다. 그래서 사관들은 왕이나 권력자의 눈치를 보지 않고 보고 들은 일들을 있는 그대로 기록할 수 있었다. 왕이 죽으면 실록청이 만들어지고 모든 사관의 사초가 제출된다. 여기에 여타 관청의 기록까지 참조하여 실록이 편찬된다. 해당 실록이 완성되고 나면 사초는 모두 물에 씻겨졌다(세초). 이렇게 만들어진 실록은 여러 곳의 사고에 나누어 보관되는데, 이 또한 후대 왕은 물론 신하들도 열람할 수 없도록 했다. 선대의 왕들에 대한 기록이나 평가로 인해 필화 사건이 생기지 않도록 한 것이다. 이 같은 원칙들이 철저히 지켜졌기에 《조선왕조실록》이 오늘날까지 존재할 수 있었다.

도움을 받은 책들

《국역 조선왕조실록 CD-ROM》, 서울시스템주식회사, 1995.
강재언, 《선비의 나라 한국 유학 2천년》, 한길사, 2003.
고려대 민족문화연구원 한국사상연구소 편, 《자료와 해설 한국의 철학사상》, 예문서원, 2002.
김경수, 《'언론'이 조선왕조 500년을 일구었다》, 가람기획, 2000.
김문식·김정호, 《조선의 왕세자 교육》, 김영사, 2003.
김희영, 《이야기 중국사》, 청아출판사, 1996.
박덕규 편저, 《중국 역사 이야기》 13·14, 일송북, 2006.
박영규, 《조선의 왕실과 외척》, 김영사, 2003.
박영규, 《한 권으로 읽는 조선왕조실록》, 들녘, 1996.
신명호, 《조선의 왕》, 가람기획, 1998.
윤정란, 《조선의 왕비》, 차림, 1999.
이성무, 《조선시대 당쟁사》 1, 동방미디어, 2002.
이성무, 《조선왕조사》 1, 동방미디어, 1998.
이이화, 《이야기 인물 한국사》 5, 한길사, 1993.
이이화, 《이이화의 한국사 이야기》 12, 한길사, 2000.
장영훈, 《왕릉풍수와 조선의 역사》, 대원미디어, 2000.
장학근, 《조선, 평화를 짝사랑하다》, 플래닛미디어, 2008.
주돈식, 《조선인 60만 노예가 되다》, 학고재, 2007.
최범서, 《야사로 보는 조선의 역사》 2, 가람기획, 2004.
하일식, 《연표와 사진으로 보는 한국사》, 일빛, 2000.
한국고문서학회, 《조선시대 생활사》, 역사비평사, 1996.
한국생활사박물관 편찬위원회, 《한국생활사박물관》 9, 사계절, 2003.
한형조, 《왜 동양철학인가》, 문학동네, 2000.
홍순민, 《우리 궁궐 이야기》, 청년사, 2002.
그리고 독자 임성민 님이 보내주신 여러 논문.

박시백의 조선왕조실록

팟캐스트로 예습 + 복습! 재미와 감동 두 배!

역사 전문 수다 방송 〈팟캐스트 박시백의 조선왕조실록〉

350만 독자가 환호한 국민 역사교과서 《박시백의 조선왕조실록》을 오디오로 만나보세요.
《조선왕조실록》을 통독한 박시백 화백의 예리한 안목, 조선사 전문가 신병주 교수의 풍부한 역사 상식,
전방위 지식인 남경태 선생의 종횡무진 상상력이 김학원 휴머니스트 대표의 재치 있는 진행과 만나
《조선왕조실록》에 대한 밀도 있는 음성 아카이브를 만들어냅니다.

청취자가 말하는 "나에게 팟캐스트 조선왕조실록이란?"

타임머신조선 활자와 그림으로만 보던 인물들이 팟캐스트 속에서 살아납니다.
여사마 학생들에게 한국사 관련 재미있는 에피소드와 사례 등을 알려줄 수 있어 좋아요.
허기 역사에 대해 편협했던 시각이 좀 더 넓어지고 유연해진 것 같습니다.
쿠쿠쿠다스 팟캐스트 형식의 자유로움을 더한 역사 콘텐츠라 구미가 착착 당깁니다.

박시백의 조선왕조실록

대한민국 최고의 역사 방송 '팟캐스트 박시백의 조선왕조실록'
〈네이버 TV〉와 〈네이버 오디오클립〉, 〈팟빵〉에서 들으실 수 있습니다.

| NAVER | 팟캐스트 박시백의 조선왕조실록 | 검색 |

〈팟캐스트 박시백의 조선왕조실록〉을
들으며 함께 읽으면 좋은 책

〈팟캐스트 박시백의 조선왕조실록〉을 더욱 풍성하게 만들어준 여섯 권의 책,
〈외전〉편에서 저자와 함께 나눈 대화는 조선사에 대한 더 깊은 이해를 도와줍니다.

식탁 위의 한국사 메뉴로 본 20세기 한국 음식문화사
주영하 지음 | 572쪽 | 29,000원

우리는 지난 100년간 무엇을 먹어왔을까? 근대인의 밥상에서 현대인의 식탁까지, 일상 속 음식의 역사와 그에 투영된 역사와 문화까지 읽을 수 있다.

고문서, 조선의 역사를 말하다 케케묵은 고문서 한 장으로 추적하는 조선의 일상사
전경목 지음 | 400쪽 | 20,000원

저자는 한 장의 고문서로 거대 역사 속에 가려진 조선의 일상을 한 장면 한 장면 복원한다. 저자의 추리와 독해를 따라가다 보면 평범한 사람들의 소소한 일상과 만나게 된다.

정도전을 위한 변명 혁명가 정도전, 새로운 나라 조선을 설계하다
조유식 지음 | 416쪽 | 19,000원

정도전의 삶과 죽음을 집요하게 파고든 파란만장한 기록이 그의 목소리를 대신해 역사의 진실을 들려준다.

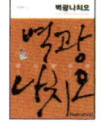

벽광나치오 한 가지 일에 미쳐 최고가 된 사람들
안대회 지음 | 500쪽 | 24,000원

조선을 지배한 성리학 이데올로기에서 벗어나 자신의 영역에서, 자신의 시선으로, 자신의 시대를 풍미한 조선의 문화적 리더들.

자저실기 글쓰기 병에 걸린 어느 선비의 일상
심노숭 지음 | 안대회 김보성 외 옮김 | 764쪽 | 32,000원

조선 후기를 온몸으로 살아간 심노숭의 삶과 격동기의 실상을 상세히 기록한 자서전

민주공화국 대한민국의 탄생 우리 민주주의는 언제, 어떻게 시작되었나?
김육훈 지음 | 284쪽 | 15,000원

역사 속에서 실천하고 싸우며 만든 민주공화국의 살아 있는 의미는 무엇일까?
19세기 말에서 정부 수립까지 우리 역사 속 민주주의의 뿌리를 알려준다.

박시백의 조선왕조실록 12 인조실록

1판 1쇄 발행일 2008년 7월 28일
2판 1쇄 발행일 2015년 6월 22일
3판 1쇄 발행일 2021년 3월 15일
4판 1쇄 발행일 2024년 6월 24일

지은이 박시백

발행인 김학원
발행처 (주)휴머니스트출판그룹
출판등록 제313-2007-000007호(2007년 1월 5일)
주소 (03991) 서울시 마포구 동교로23길 76(연남동)
전화 02-335-4422 **팩스** 02-334-3427
저자·독자 서비스 humanist@humanistbooks.com
홈페이지 www.humanistbooks.com
유튜브 youtube.com/user/humanistma **포스트** post.naver.com/hmcv
페이스북 facebook.com/hmcv2001 **인스타그램** @humanist_insta

편집주간 황서현 **편집** 최인영 박나영 강창훈 김선경 이영란 **디자인** 김태형 **사진** 권태균 **영문 초록** 윤권교
번역 감수 김동택 David Elkins **조판** 프런웍스 **용지** 화인페이퍼 **인쇄** 삼조인쇄 **제본** 해피문화사

ⓒ 박시백, 2024

ISBN 979-11-7087-174-3 07910
ISBN 979-11-7087-162-0 07910(세트)

• 이 책은 저작권법에 따라 보호받는 저작물이므로 무단 전재와 무단 복제를 금합니다.
• 이 책의 전부 또는 일부를 이용하려면 반드시 저자와 (주)휴머니스트출판그룹의 동의를 받아야 합니다.

조선왕조실록 가계도 및 주요 인물

인조

( ) 이름, 재위년
이름, 생몰년
━━ 배우자
│ 직계

- 14대 선조
  - 인빈 김씨
    - 원종
      - 인헌왕후 구씨
        - **16대 인조** (재위: 1623~1649)
          (종: 1595~1649)

인조반정의 공신: 이귀, 김류

- 인열왕후 한씨 1594~1635
  - 소현세자 왕
    - 민회빈 강씨
  - 봉림대군 호(17대 효종)
  - 인평대군 요
  - 용성대군 곤

김상헌 척화파
최명길 주화파

- 장렬왕후 조씨 1624~1688

- 귀인 조씨 ?~1651
  - 숭선군 징
  - 낙선군 숙
  - 효명옹주

청 태종 홍타이지

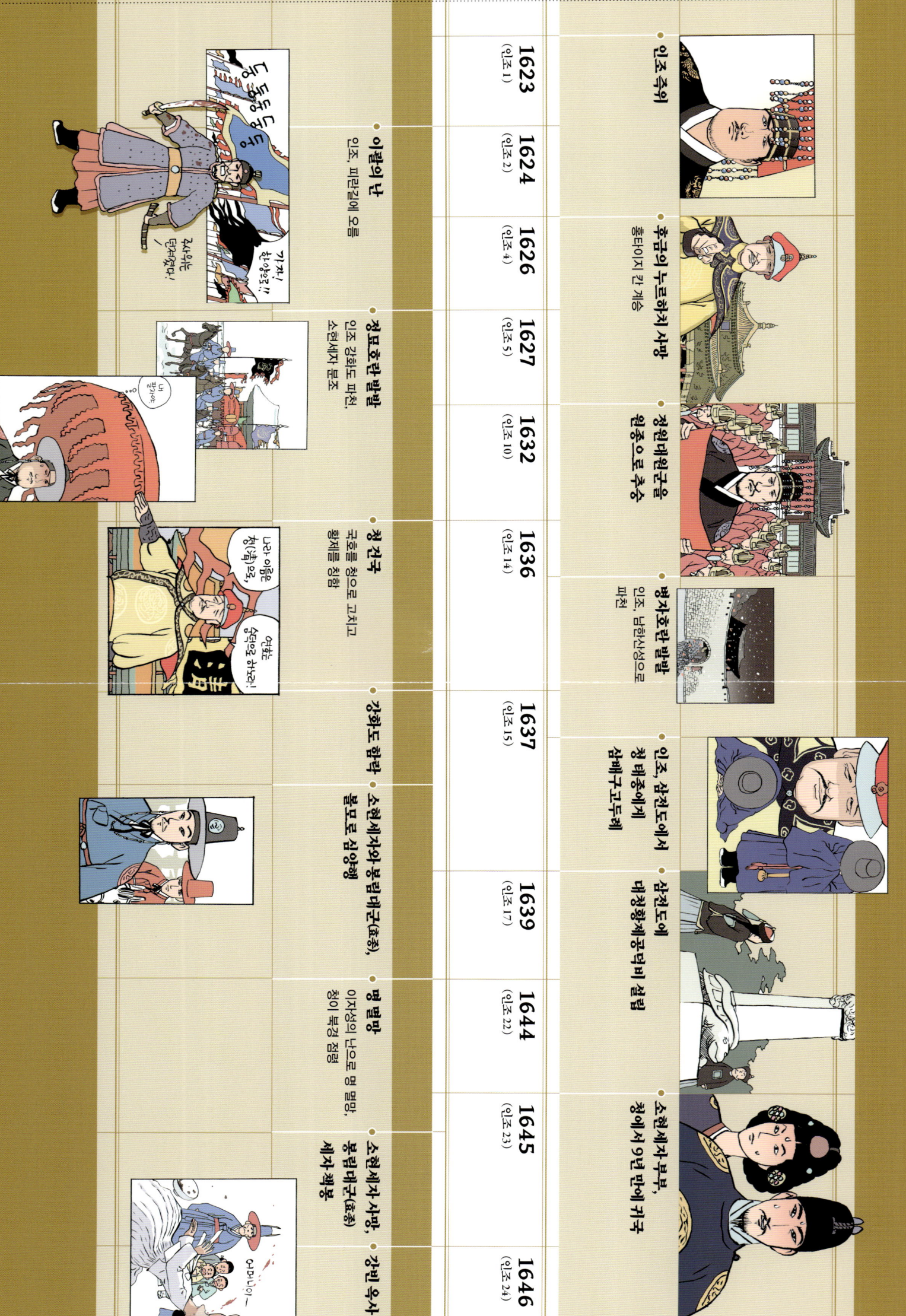